W0209658

Hallo liebe Schülerin, lieber Schüler,
herzlich willkommen im vierten Heft zur Vorbereitung auf Klassenarbeiten und mündliche Prüfungen! Welche Übungen das Heft dir anbietet und wie du es optimal nutzen kannst, erfährst du hier im Vorwort, also nicht überblättern! Beginne zuerst mit dem **Révisions**-Teil, in dem du überprüfen kannst, was du noch vom letzten Jahr weißt.

Jede Unité bzw. jedes Module besteht aus folgenden Teilen:

1. Einem Übungsteil

Ecouter: Hier übst du, Hörtexte zunächst global zu verstehen, beim nochmaligen Hören Details zu erfassen und gezielt Informationen zu entnehmen.

Lire: In diesen Aufgaben trainierst du dein Leseverständnis, wobei du unbekanntes Vokabular mit den Strategien erschließen sollst, die du eingeübt hast.

Ecrire: Bei diesen Übungen zeigst du, dass du dich schon gut schriftlich auf Französisch ausdrücken kannst. Bilder mit einer kurzen Situationsbeschreibung oder sonstige authentische Informationen geben dir die nötige Anregung, um kreativ und selbstständig einen Text zu verfassen.

Médiation: Mit deinen Französischkenntnissen kannst du auch anderen weiterhelfen: Du gibst bestimmte Informationen eines französischen bzw. deutschen Textes oder einer Hörvorlage auf Deutsch bzw. Französisch für Gesprächspartner wieder, die die andere Sprache nicht (gut genug) verstehen.

Parler: Hier übst du, Gespräche zu führen. Grundlage sind die „On dit"-Kästen des Schülerbuches. Die Monologe sprichst du frei, bei Dialogen oder Rollenspielen übst du mit einem Partner.
Du kannst auf der CD gesprochene Lösungsvorschläge anhören und in den Pausen nachsprechen. Damit trainierst du deine Aussprache und wirst vor allem sicherer beim freien Sprechen.

En forme: In diesen Aufgaben übst du die neuen grammatischen Formen und Strukturen einer Unité bzw. eines Modules. Viele Lerntipps helfen dir dabei.

Jeu de mots: In diesen Übungen wiederholst du den neuen Wortschatz einer Unité bzw. eines Modules und übst, ihn im Zusammenhang anzuwenden.

La langue dans son contexte: In den Tests am Heftende kannst du überprüfen, wie gut du die französische Sprache schon beherrschst.

Oberstufeneinheit: Hier wird dir exemplarisch aufgezeigt, wie eine **Klausur** konstruiert ist. Ein Textbeispiel sowie Tipps zeigen dir die Herangehensweise auf und erläutern, was unter den jeweiligen Operatoren zu verstehen ist.

2. Einer Klassenarbeit (Interro)

Hier wird eine Klassenarbeit angeboten, wie sie bei dir in der Schule vorkommen könnte: Du sollst die erworbenen Teilkompetenzen nun anwenden. Jedes Mal werden **Ecouter, Lire, Ecrire, Médiation** oder **Grammaire et vocabulaire** anders gemischt.
In Unité 3 und in Module 2 gibt es statt der schriftlichen eine **mündliche Klassenarbeit** (Interro orale). Auch darauf sollst du dich optimal vorbereiten können.

Die CD-ROM

Audiomaterialien

Zu jeder Unité bzw. zu jedem Module gibt es Hördokumente im mp3-Format.

Lösungen / Lösungsvorschläge (Solutions)

Du findest sie zu allen Aufgaben dieses Heftes. Sie stehen auch im Internet. Mehr dazu 🌐 a74sm6.

En plus – Différenciation

Zu jeder Unité bzw. zu jedem Module gibt es zusätzliche Übungen, die dir helfen, je nach deinem momentanen Leistungsstand entweder in kleineren Schritten das geforderte Niveau zu erreichen oder durch eine anspruchsvolle Aufgabenstellung schnellere Fortschritte zu machen.

Bon travail! *Lucie*

1 (CD)	Hördokument; die Zahl gibt dir die Tracknummer an.
(Partner)	Partnerarbeit
→	Die Übung geht auf der nächsten Seite weiter.
→ En plus △ △	Verweis auf Differenzierungsaufgaben auf der CD: △ einfachere Zusatzübung, △ schwierigere Zusatzübung
(G 1)	Verweis auf den Grammatischen Anhang im Schülerbuch und auf das Grammatische Beiheft
🌐	Materialien im Internet: Gib den Code in das Suchfeld auf www.klett.de ein.

Printteil

CD-ROM (im Innenumschlag hinten)

* Die Lösungen und Lösungsvorschläge zu allen Aufgaben stehen auch im Internet zur Verfügung. Mehr dazu 🌐 a74sm6

Révisions

En forme

1 A l'étranger avec le programme Brigitte Sauzay (G 1, 2, 9, 16, 17)*

→ En plus CD, 1△

Sabrina Richter est en train de passer trois mois chez sa corres Léa Magnier à Montauban.
Les deux filles vont en classe ensemble. Aujourd'hui, Sabrina doit se présenter et expliquer pourquoi elle participe à ce programme.

*Lis le texte, puis mets les verbes **au temps demandé par le contexte**.*

Tu te rappelles?

Pour les **actions**: ↓ **le passé composé** ↓

Pour les **descriptions**: (Beschreibungen) **l'imparfait**

le futur simple →

Brigitte Sauzay

INFO
Das Brigitte Sauzay Programm erlaubt deutschen und französischen Schülern, während eines dreimonatigen Austauschaufenthalts im Partnerland, das Schulstem, das Familienleben und die Kultur näher kennenzulernen und dabei ihre Sprachkenntnisse zu verbessern.

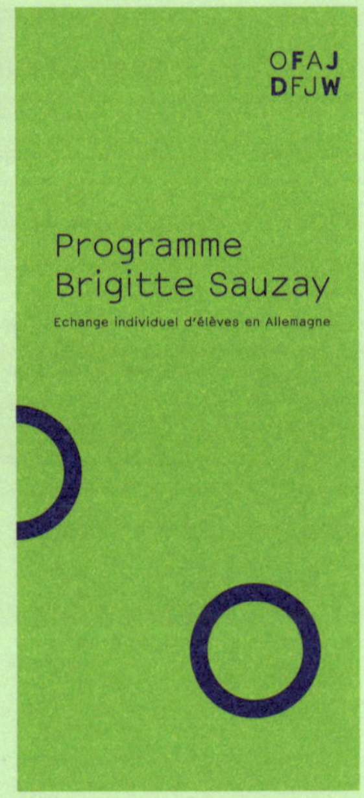

– Salut, je (s'appeler) ______ Sabrina, j'ai 15 ans et je (vivre) ______ à Wittenberg, en Allemagne. Je / J'(apprendre) ______ le français depuis trois ans. Vous (vouloir) ______ savoir pourquoi je / j' (venir) ______ en France?

Eh bien, l'année dernière (ne pas être) ______ facile, car ma mère (mourir) ______ dans un accident[1] – elle (partir) ______ pour toujours.

J'étais folle, en pleine crise. Un jour, Mme Witteck, notre prof de français, nous (parler) ______ du programme Brigitte Sauzay. Après le cours, elle me / m' (dire) ______: «Je sais que tu (ne pas m'écouter) ______. Mais je (croire) ______ que ce programme est la solution pour toi. En France, tu (vivre) ______ dans une famille, tu (faire) ______ la connaissance de nouveaux copains. Tout (être) ______ peut-être plus facile.»

Mon père me / m' (encourager) ______ lui aussi, alors je / j' (choisir) ______ une adresse et je / j' (écrire) ______ le premier courriel à Léa qui me / m' (répondre) ______ tout de suite. Son courriel (être) ______ si sympa que j'ai finalement dit oui.

** Die Grammatikkapitel beziehen sich auf Band 3* – **1 un accident** ein Unfall

En forme

2 L'école en France et en Allemagne (G 11)

Sabrina est à Montauban depuis quatre semaines maintenant. Ses camarades de classe français lui demandent de leur parler de l'école en Allemagne.

*Lis le texte puis complète-le avec les **adjectifs au comparatif (+; –)** ou **à l'expression de l'égalité (=)** ou **au superlatif (++; – –)**.*

– Ici, en France, les cours durent[1] 55 minutes, ils sont donc (long +) ________________ en Allemagne. Dans mon Land Saxe-Anhalt, nous avons des cours doubles[2] que nous aimons beaucoup, car nos sacs sont devenus (– lourd[3]) ________________. Pour nous, la journée est (– long) ________________ la journée des jeunes français. Nous quittons l'école à 14 heures, alors il est (facile +) ________________ d'avoir des activités comme la musique ou le sport. Mais je pense qu'en classe, les filles françaises sont (= actif) ________________ les filles allemandes. Pour les garçons, je ne sais pas. Ici, à Montauban, le mercredi est le jour (++ court) ________________ : les cours se terminent à midi, les autres jours, c'est à 17 heures ou même à 18 heures. Chez nous, les cours (– – facile) ________________ comme les maths ont lieu le matin parce que les élèves sont (– fatigué) ________________ – pensent les profs – et les cours (++ intéressant) ________________ commencent après la pause de midi. Depuis deux ans, nous avons une cantine, mais les repas sont (– bon) ________________ ici. Pour moi, la cuisine française est (++ bon) ________________, même à l'école.

En forme

3 Une lettre de Sabrina (G 2, 3, 4, 9)

Sabrina écrit une lettre en français et l'envoie avec des photos à Mme Witteck, sa prof de français à Wittenberg. Au lieu de la lire en classe, Mme Witteck en a fait un exercice pour ses élèves …

*Lis le texte, puis mets les verbes à la bonne forme et **au temps / au mode indiqué**: **prés.** = présent, **p.c.** = passé composé, **imp.** = imparfait, **f.s.** = futur simple.*

La maison des Magnier sous la neige – oui, il neige même dans le sud de la France.

1 **durer** dauern – 2 **un cours double** eine Doppelstunde – 3 **lourd(e)** schwer

→

Chers copains,

Aujourd'hui, je vous (écrire, **prés.**) ______________ en français. Mme Witteck en (être, **f.s.**) ______________ contente. Le matin, Léa et moi, nous (se lever, **prés.**) ______________ à 7 heures. Les Magnier (prendre, **prés.**) ______________ le petit-déj' à 7 heures et demie. Avant, nous (se faire beau, **prés.**) ______________. Il y a deux ans, les Magnier (habiter, **imp.**) ______________ encore au centre, et les enfants (pouvoir, **imp.**) ______________ aller à l'école à pied. Depuis, ils (acheter, **p.c.**) ______________ une maison au village et maintenant, il faut prendre le bus. La semaine dernière, on (courir, **p.c.**) ______________ tous les jours pour l'attraper[1]. Avec mes nouvelles chaussures, je (ne pas courir, **prés.**) ______________ assez vite, alors j' (devoir, **p.c.**) ______________ mettre mes vieilles baskets …

Maintenant, je (comprendre, **prés.**) ______________ pourquoi les élèves français (avoir, **prés.**) ______________ 7 semaines de vacances d'été. Les cours (finir, **prés.**) ______________ tard, et donc les journées sont si longues que les élèves (devoir, **prés.**) ______________ être très fatigués. Le soir, ils (ne pas pouvoir, **prés.**) ______________ se reposer, ils (faire, **prés.**) ______________ leurs devoirs – après le dîner! Hier, par exemple, Léa et moi, nous (rentrer, **p.c.**) ______________ à 18 heures, nous (mettre, **p.c.**) ______________ la table, on (manger, **p.c.**) ______________ pendant une heure.

Après, nous (faire, **p.c.**) ______________ nos devoirs et nous (se coucher, **p.c.**) ______________ à 22 heures. J' (lire, **p.c.**) ______________ un peu. La télé, c'est le luxe du week-end.

C'est Youki, le border collie des Magnier.

Nous sommes très fatiguées le matin, ce n'est pas une surprise. Voilà pour aujourd'hui.

Bises, Sabrina

---

1 attraper *hier:* erwischen

En forme

4 Une interview pour le journal de l'école (G 2, 6)

Pierre qui s'occupe du journal de l'école est en train de faire une interview à Sabrina.

*Lis le dialogue, puis complète-le. Mets les verbes **(1, 2, 3, 4, 5, 6** ou **7) aux temps du passé** (passé composé, imparfait ou plus-que-parfait).*

1 aller ■ **2** connaître ■ **3** visiter ■ **4** avoir ■ **5** voir ■ **6** comprendre ■ **7** trouver

Saint-Cirq-Lapopie dans la région Midi-Pyrénées.

Pierre: Salut, Sabrina. Merci de répondre à quelques questions sur ton séjour à Montauban. Est-ce que tu connaissais la région avant?

Sabrina: Non, je n' / ne (**2**) ______________________ pas la région, avant.

Pierre: Est-ce que tu as encore des problèmes avec le français?

Sabrina: Non, je n' / ne (**4**) ______________ plus de problèmes. Le début était difficile. D'abord, je n' / ne (**2**) ______________ personne et je n' / ne (**6**) ______________ rien. A l'école, je n' / ne (**2**) ______________ que Léa. Maintenant, j'ai plein de copains. Même si je comprends beaucoup, il y a des mots qui me manquent, mais ça va.

Pierre: Tu avais déjà visité la France?

Sabrina: Non, je n' / ne (**3**) ____________ jamais ______________ la France. Je n' / ne (**1**) ______________ jamais ______________ à l'étranger, avant. Samedi, on a visité Albi. Je n' / ne (**5**) ______________ jamais ____________ les peintures[1] de Toulouse-Lautrec.

Pierre: Et comment est-ce que tu les (**7**) ______________________ ?

Sabrina: En fait, j'/je (**5**) ______________________ des reproductions en Allemagne, mais de voir les tableaux en vrai, c'est super.

Pierre: Sabrina, moi, je n'/ne (**3**) ______________ pas encore ______________ ce musée. C'est la honte! Et je suis de la région …

1 une peinture *hier:* ein Gemälde

En forme

5 Un courriel pour Sabrina (G 10, 14)

→ En plus CD, 2 △

Benni, un copain allemand de Sabrina, lui envoie un courriel – en français! Malheureusement, il n'est pas très fort en grammaire …

Lis le courriel. Puis réécris-le dans ton cahier avec ***tous les pronoms corrects*** *(directs ou indirects ou disjoints ou «en» ou «y») et mets-les* ***à la bonne place.***

Von:	benni@gmx.de
An:	sabrina.richter@web.de
Betreff:	Neuigkeiten aus Wittenberg

Coucou, Sabrina,
Tu écris nous en français, cela encourage moi à te répondre en français. Nous avons une nouvelle prof en espagnol. Nous lui aimons bien. Les autres profs ont lui donné une «Zuckertüte» et elle a nous donné des bonbons. Espérons qu'elle nous va donner des bonnes notes aussi.
Dans notre classe, il y a deux nouveaux élèves. On s'entend bien avec les. Charlotte redouble[1] – on lui aime bien, car dans son dossier de maths, il y a toutes les solutions. Elle leur donne à tout le monde. Daniel vient de Berlin. Il y parle beaucoup. Les cinémas et les boîtes[2] le manquent. Il voudrait en retourner. Je lui comprends. Wittenberg intéresse les touristes, mais pas les jeunes.
Ah, zut! Sans toi, c'est nul ici.
A bientôt, Benni

Du kannst zuerst die **einfachere** Variante der Übung im *En plus*-Teil machen und so vorgehen:
falsche Pronomen unterstreichen,
→ in den Lösungen nachsehen, ob du alles erkannt hast,
→ verbessern.
Mach ein paar Tage später die Übung hier.

En forme

6 La mère de Léa donne son avis. (G 13)

D'autres parents d'élèves s'intéressent au programme Brigitte Sauzay et demandent à la mère de Léa comment ça se passe avec Sabrina.

Lis le texte, puis complète-le avec les ***adjectifs*** *ou* ***adverbes*** *donnés en allemand.*

– A mon avis, le programme Brigitte Sauzay est (wirklich) ________________ une (gut) ________ idée parce qu'il aide les jeunes à (besser) ________ se débrouiller dans la vie quand ils parlent plusieurs langues étrangères. En ce moment, à la maison, nous avons une jeune fille allemande qui est (sehr nett) ________________. J'avais un peu peur, car trois mois, c'est (lang) ________________, et si les jeunes s'entendent (schlecht) ________________, il y a des (groß) ________ problèmes. Mais avec Sabrina, tout est (einfach) ________________. Elle nous demande (nett) ________________ si elle peut nous aider dans la cuisine, elle reste (höflich) ________________ à table quand nous avons des invités, elle ne rentre jamais (zu spät) ________________ et elle travaille dur. (So oft wie möglich) ________________, elle regarde la télé en français et je trouve qu'elle comprend (genauso gut wie) ________________ nous. (Meistens / Am häufigsten) ________________, elle parle très (gut) ________________.

---

1 redoubler (eine Klasse) wiederholen – **2 une boîte** *(fam.)* eine Disco *(ugs.)*

En forme

7 La réponse de Sabrina (G 7, 13)

Très contente d'avoir reçu un courriel de Benni, Sabrina lui répond tout de suite.

Lis le courriel. ***Adjectif*** *(à la bonne forme) ou* ***adverbe****? Mets-toi à la place de Benni et souligne la forme correcte. Mets aussi les* ***pronoms relatifs*** *qui manquent.*

Von: sabrina.richter@web.de
An: benni@gmx.de
Betreff: Re:Neuigkeiten aus Wittenberg

Salut, Benni,

Merci pour ton courriel. Tu as vrai/vraie/vraiment des problèmes sérieux/sérieuses/sérieusement avec les pronoms, tu sais … Alors, essaie de compléter mes phrases et de souligner la bonne catégorie grammaticale[1].

Je vais te répondre poli/polie/poliment et ne pas te parler des fautes ______ tu fais. La prof d'espagnol ______ vous a donné des bonbons est peut-être gentil/gentille/gentiment, mais il faut quand même travailler sérieux/sérieuse/sérieusement dans ses cours. Les langues, c'est important parce que ça sert à communiquer.

Dans la boîte[2] ______ je suis allée avec Léa, j'ai rencontré un garçon sympa. On a long/longue/longuement discuté – en français, car il ne parle pas allemand. Je me débrouille pas mauvais/mauvaise/mal, sinon silence total.

Oui, tu dois être un peu jaloux/jalouse/jalousement …

Cette Charlotte, elle est jolie??? Si tu trouves Wittenberg ennuyeux/ennuyeuse, viens en France. C'est un pays ______ il y a des beaux/belles paysages, des villes originaux/originales/originalement et des gens ______ sont gentils/gentilles/gentiment Et ______ compte le plus, c'est qu'on mange vrai/vraie/vraiment bon/bonne/bien!

Bises, Sabrina

En forme

8 Une conversation … polie! (G 24)

→ En plus CD, 3 △

Voici une conversation dans une gare.

Lis d'abord le texte, puis complète-le avec la bonne forme ***des verbes en -indre: se plaindre****,* ***craindre****,* ***(s')éteindre****,* ***atteindre****. Mets* ***le temps*** *et* ***le mode*** *qu'il faut. (Versuche die Übung einen Tag später in der schwierigeren Variante zu machen.)*

Une dame: Pardon, monsieur. Vous ne savez pas que sur le quai, il faut qu'on ______ sa cigarette? L'espace fumeurs[3] est de l'autre côté.

Le monsieur: De quoi vous ______, madame? Le quai est assez grand pour nous deux.

La dame: Votre insolence[4] ne m' ______ pas. Si vous n' ______ pas votre cigarette, je ______ au chef de la gare.

Le monsieur: Je ne le ______ pas, ce chef. Tiens, ma cigarette ______ toute seule …

1 une catégorie grammaticale *hier:* eine Wortart – **2 une boîte** *(fam.)* eine Disco *(ugs.)* – **3 un espace fumeurs** eine Raucherzone – **4 l'insolence** *(f.)* die Frechheit

En forme

9 Il n'est jamais trop tôt pour penser aux vacances. (G 27)

Marc et sa mère, Mme Caniot, discutent des prochaines vacances.

Lis le texte. Puis mets ***tous les pronoms corrects à la bonne place.***
Les mots/parties souligné(es) vont t'aider.

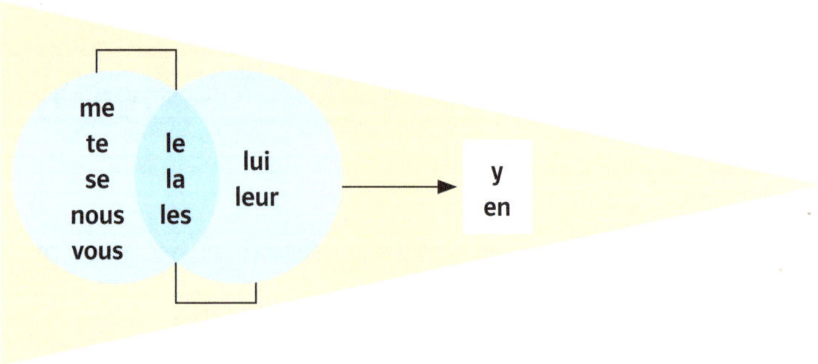

Mme Caniot: Cette année, papa et moi, on aimerait partir en Corse. Qu'est-ce que tu ________ penses?

Marc: En Corse? C'est une bonne idée. Mais moi, je n'ai pas envie d(e) ________ aller. Je préfère partir avec mes copains, Rémi, Louis et Sarah.

Mme Caniot: Tu veux partir avec ________ ? Quelle idée! Tu ________ as déjà parlé à papa?

Marc: Non, je ne/n' ______ ________ ai pas encore parlé. Tu peux ______ demander s'il est d'accord?

Mme Caniot: Tu n'as pas le courage de ________ ________ demander? Mais pourquoi?

Marc: Avec ______ , on ne sait jamais. Tu sais, nous voulons partir au Portugal en voiture.

Mme Caniot: Comment ça? Sans permis de conduire[1]?

Marc: Moi, je ne/n' ______ ai pas encore. Mais Sarah, ______ , elle ______ a depuis un mois. Et son père ______ a acheté une voiture. Il ______ ______ a donnée pour son baccalauréat. Nous pourrons partir avec elle.

Mme Caniot: Et la pauvre fille va ______ conduire[2] au Portugal. Ça fait plus de mille kilomètres. Tes copains, tu peux ______ dire que si vous voulez partir ensemble, vous pouvez faire du camping[3] dans la région.

Marc: Il y a encore des tentes[4] dans le garage?

Mme Caniot: Non, il ne/n' ____ ______ a plus. On ______ a données à tante Marie. On va t' ______ acheter une, mais les vacances, on ne va pas ______ ______ payer. Tes copains et toi, vous allez ______ débrouiller seuls, et vous verrez, ce sera une belle aventure !

1 le permis de conduire der Führerschein – **2 conduire** fahren – **3 faire du camping** zelten – **4 une tente** ein Zelt

Unité 1 (Au début)

Festivals et fêtes en France

Ecouter **1**

Bientôt Cannes!

1 Comme chaque année au mois de mai, c'est bientôt le Festival de Cannes. Une radio locale propose une émission intéressante à ses auditeurs.

A *Lis d'abord ce que tu dois faire. Puis écoute le document. Coche les bonnes phrases.*

Les sujets principaux de l'émission, ce sont …

- ☐ la ville de Cannes.
- ☐ le grand jeu du 30 avril.
- ☐ l'histoire du Festival de Cannes.
- ☐ le succès d'une star.
- ☐ le nouveau film d'une grande star.

Mathieu, animateur[1] de radio.

B *Vrai ou faux? Ecoute le document encore une fois et coche la bonne réponse.*

	vrai	faux
1. Le nom de la radio est *Radio Sud-Info*.	☐	☐
2. Les auditeurs peuvent participer à un concours[2] chaque semaine.	☐	☐
3. Au début, l'animateur explique ce qu'on peut gagner.	☐	☐
4. Il présente une femme qui a vécu à Paris avec sa famille.	☐	☐
5. Quand elle avait 14 ans, elle a tourné dans une série télévisée.	☐	☐
6. Plus tard, elle a aussi eu un rôle dans un film de James Bond.	☐	☐
7. Elle est devenue une actrice célèbre dans le monde entier.	☐	☐
8. Au Festival de Cannes, elle a eu un problème à cause des journalistes.	☐	☐
9. Ce problème a été un vrai scandale pour elle.	☐	☐
10. La première personne qui téléphone donne une réponse fausse[3].	☐	☐
11. C'est une jeune fille de 18 ans qui trouve la réponse juste.	☐	☐
12. La star présentée dans l'émission est Sophie Marceau.	☐	☐
13. La jeune fille pourra faire une interview avec une star internationale.	☐	☐
14. Demain, le sujet du reportage spécial sera la Croisette.	☐	☐

1 un animateur, une animatrice de radio ein(e) Radiomoderator(in) – **2 un concours** ein Wettbewerb – **3 faux / fausse** falsch

C *Réponds aux questions. Tu peux écouter le document encore une fois si nécessaire.*

1. Que dit l'animateur à la première personne qui téléphone?

____

____

2. Quel a été le problème de l'actrice devant le Palais des festivals?

____

____

3. Qu'est-ce que la jeune fille va voir à Cannes?

____

____

4. Quel sera le thème du prochain reportage spécial sur *Infos Culture*?

____

Ecrire

2 L'art de le dire!

Voici quelques nouvelles expressions que tu as apprises dans cette unité. Dommage, ton copain Simon ne les comprend pas bien.

*Choisis **deux ou trois expressions parmi les cinq suivantes** et écris un petit texte pour lui expliquer la situation et le sens (Sinn). Tu peux aussi inventer un petit dialogue qui correspond à la situation.*

1. C'est un coup de théâtre!
2. Arrête ton cinéma!
3. C'est du cinéma!
4. J'ai besoin de changer de décor!
5. C'est tout un cinéma pour faire ça!

TIPP

- Übersetze zuerst jeden Ausdruck.
- Überlege dir dann eine passende Situation, in der jeder Spruch vorkommen könnte.
- Erstelle dann eine kleine Liste von sinnvollen Ausdrücken, die du für die Erklärung benutzen kannst.

Traductions:

1. _______________

2. _______________

3. _______________

4. _______________

5. _______________

Médiation **3**

Sophie Marceau, une grande star!

Im Französischunterricht soll dein jüngerer Bruder eine französische Persönlichkeit kurz vorstellen. Er hat Sophie Marceau ausgewählt, weil er von ihrer Rolle in einem James Bond-Film begeistert war. Leider reichen seine Französischkenntnisse nicht aus, um die Informationen, die er in deutschen Internetseiten gefunden hat, korrekt wiederzugeben. Du hilfst ihm beim Formulieren.

*Lies den Text und fasse **die wichtigsten Informationen** in eigenen Worten auf Französisch zusammen, z.B. wann und wo sie geboren wurde, Karriere, Preise etc. Bevor du beginnst, markiere die Aspekte, die unbedingt erwähnt werden müssen und streiche unnötige Passagen durch.*

Sophie Marceau und Pierce Brosnan in dem James Bond-Film *Die Welt ist nicht genug*.

Sophie Marceau

Sophie Marceau wurde 1966 geboren und zählt zu den erfolgreichsten französischen Schauspielerinnen. Sie begann ihre Karriere als Jugendliche mit dem Film *La Boum*. Damals war sie gerade 14 Jahre alt. Über Nacht wurde sie zum Star und zum Teenager-Idol. Der Film war so erfolgreich, dass eine Fortsetzung gedreht wurde. Für diese Rolle erhielt sie eine tolle Belohnung, nämlich den begehrten *César*-Filmpreis in der Kategorie der besten Nachwuchstalente.

Sie war das zweite Kind einer Verkäuferin und wuchs in einfachen Verhältnissen in der Nähe von Paris auf. Ihre Eltern hatten ein Restaurant, wo sie manchmal aushelfen musste. Die beiden ließen sich scheiden, als sie erst neun Jahre alt war.

Sie lebte 17 Jahre lang mit einem polnischen Regisseur zusammen und ihr gemeinsamer Sohn wurde 1995 geboren. 2002 bekam sie eine Tochter mit einem anderen Mann. Ab 2007 war sie die Partnerin des bekannten Schauspielers Christopher Lambert, den sie 2012 heiratete, sich 2014 aber wieder von ihm trennte.

Nach dem eindrucksvollen Erfolg ihrer beiden Debütfilme konnte sie 1984 ihre Karriere an der Seite der französischen Stars Gérard Depardieu und Catherine Deneuve mit einer sehr guten Rolle im Film *Fort Saganne* fortsetzen. Sie war gerade 17 Jahre alt. Knapp ein Jahr später durfte sie eine Komödie an der Seite von Jean-Paul Belmondo drehen[1]. Von da an drehte sie fast jedes Jahr mindestens einen Film. Sie nahm sehr unterschiedliche Rollen an und wurde gerade wegen dieser Vielseitigkeit schnell zum Publikumsliebling.

Auch Hollywoods Regisseure interessierten sich für die schöne Französin. Auf internationaler Ebene gelang ihr der Durchbruch in der Rolle einer Prinzessin schon im Jahre 1995 in *Braveheart*, einem Film mit Superstar Mel Gibson. Es folgte 1999 eine Rolle im 21. James Bond-Film *Die Welt ist nicht genug*.

Sophie Marceau ist seit den 80er-Jahren eine gefragte Schauspielerin, die Jahr für Jahr gute Erfolge in all ihrer Rollen feiert, aber schon Anfang der 90er-Jahre übernahm sie auch Engagements in Paris als Theaterschauspielerin. Für eine ihrer klassischen Bühnenrollen wurde sie 1991 als beste Nachwuchsschauspielerin mit dem Molière-Preis belohnt. Als Regisseurin wurde sie auf dem Filmfestival von Montréal 2002 für die beste Regiearbeit ausgezeichnet. 2012 wurde sie als Vorbild[2] für die Gestaltung der Statue der Marianne, des französischen Nationalsymbols[3], ausgesucht, was eine besondere Ehre bedeutet. 2015 wurde sie Mitglied der Jury bei den Filmfestspielen in Cannes, die darüber entscheidet, welcher Film die begehrte „Goldene Palme" gewinnt.

1 (einen Film) drehen tourner (un film) – **2 ein Vorbild** *hier:* un modèle – **3 un symbole (national)** ein (National-)Symbol

Lire

4 Des fêtes, encore des fêtes!

Dans un magazine culturel, Selma a lu un article intéressant sur les fêtes et les jours de commémoration[1] en France.

A *Lis d'abord ce que tu dois faire, puis le texte. (Alle Wörter und Wendungen mit * sind erschließbar. Wende die Strategien an, die du kennst!)*

Les fêtes en France

Il ne faut pas croire que les Français manquent d'occasions[2] de faire la fête! Bien au contraire! Nos voisins ont un grand nombre de dates* qui, de siècle en siècle, sont devenues de vraies traditions*.
Quelques unes de ces fêtes sont les mêmes qu'en Allemagne, comme les grandes fêtes catholiques*, Noël, Pâques, l'Ascension, mais d'autres aussi comme la Saint-Valentin, la fête des amoureux, la fête du Travail, le 1er mai, qui est aussi la fête du muguet[3] en France, et bien sûr la fête des Mères au mois de mai et la fête des Pères le troisième dimanche de juin, qu'on ne fête pas le même jour qu'en Allemagne.
D'autres ressemblent aux fêtes allemandes, mais sont un peu différentes: les Français ne fêtent pas tous le carnaval, mais chaque année, le 2 février, qu'on appelle la Chandeleur[4], la tradition veut qu'on mange des crêpes dans toute la France! Le dernier jour du carnaval, le Mardi gras, dans quelques régions, on organise des bals où les gens portent des costumes* et des masques*. C'est la ville de Nice qui a le carnaval le plus célèbre de toute la France.

Ce qui est intéressant, c'est ce qu'on ne fête pas vraiment comme en Allemagne, par exemple la tradition de la fête des Rois, qui porte aussi le nom d'Epiphanie et est d'origine religieuse*. On l'organise le 6 janvier pour se souvenir de la visite des Rois Mages[5] à l'Enfant Jésus. En France, pour cette occasion, on fait un gâteau, qu'on appelle la galette des Rois, où l'on cache un petit objet en verre ou en plastique. La personne qui trouve cet objet devient le roi (ou la reine) et porte une couronne[6] en papier. C'est alors à son tour d'inviter ses amis à manger la galette quelques jours plus tard. Donc, on fête parfois les Rois Mages pendant presque tout le mois de janvier avec tous ses amis et ses voisins! Une bonne occasion de leur souhaiter[7] la bonne année!

Le 11 Novembre, c'est la journée de commémoration de la fin de la Première Guerre mondiale[8], en 1918. Partout en France, il y a des défilés militaires* et des cérémonies* en souvenir* de tous les soldats* qui sont morts pour la France. Le 8 Mai, on fête l'anniversaire de la fin de la Deuxième Guerre mondiale en 1945. Pendant ces deux journées, les Français ne travaillent pas, comme pour la fête nationale du 14 Juillet.

Certaines fêtes ont (heureusement) presque disparu, par exemple la Sainte-Catherine. Pour les jeunes filles, appelées les «Catherinettes», qui à l'âge de 25 ans n'avaient pas encore trouvé de mari, on organisait des bals où elles allaient à la recherche d'un amoureux. Elles portaient des chapeaux spectaculaires*, géants et décorés* avec de jolies fleurs.

Des fêtes disparaissent, mais de nouvelles traditions sont nées! Depuis quelques années, dans toutes les régions, des châteaux proposent en été des spectacles de théâtre qu'on appelle «son et lumière[9]» où des acteurs professionnels, mais aussi des habitants de la région racontent l'histoire du château.

Et bien sûr, en plus de toutes ces fêtes, il y a tous les festivals qui ont lieu chaque année en France: le théâtre à Avignon, le cinéma à Cannes, la BD à Angoulême, pour ne donner que quelques exemples, tous sont connus dans le monde entier. Et le fest-noz, le festival de danse breton, fait même partie du patrimoine immatériel de l'UNESCO[10] depuis 2012!

---

1 un jour de commémoration ein Gedenktag – **2 une occasion** eine Gelegenheit / ein Anlass – **3 un muguet** ein Maiglöckchen – **4 la Chandeleur** Mariä Lichtmess – **5 les Rois Mages** die Heiligen Drei Könige – **6 une couronne** eine Krone – **7 souhaiter qc** etw. wünschen – **8 la Première Guerre mondiale** der Erste Weltkrieg – **9 un spectacle de son et lumière** eine Ton- und Lichtshow – **10 le patrimoine immatériel de l'UNESCO** das immaterielle / ideelle / geistige Kulturerbe der UNESCO

→

*Maintenant, coche **toutes** les phrases qui sont correctes.*

Le texte parle …

- ☐ de toutes les fêtes religieuses en Allemagne.
- ☐ des fêtes qu'on ne connaît qu'en France.
- ☐ des fêtes qui ont disparu.
- ☐ des fêtes que personne ne[1] connaît.
- ☐ des fêtes en souvenir des guerres.
- ☐ de nouvelles fêtes en Allemagne.

B *Vrai ou faux? Coche. Justifie ta réponse: note la/les ligne(s) dans le tableau.*

	vrai	faux	ligne(s)
1. En France, il y a une grande tradition pour les fêtes.	☐	☐	
2. Tous les Français fêtent le carnaval comme dans certaines régions allemandes.	☐	☐	
3. Le 2 février, c'est la tradition de la Chandeleur.	☐	☐	
4. A Mardi gras, toute la France mange des crêpes.	☐	☐	
5. Le carnaval le plus célèbre de toute la France est organisé à Nice.	☐	☐	
6. Le 6 janvier, on fête l'Epiphanie, la fête des Rois de France.	☐	☐	
7. La galette des Rois est un gâteau spécial où l'on a caché un petit objet.	☐	☐	
8. Tous les gens qui en mangent deviennent le roi ou la reine de la fête.	☐	☐	
9. Le 11 Novembre et le 8 Mai sont des jours de commémoration en France.	☐	☐	
10. Les jeunes filles de 25 ans fêtent toujours la Sainte-Catherine.	☐	☐	
11. Les spectacles son et lumière racontent l'histoire des habitants d'un château.	☐	☐	
12. En Bretagne, un festival fait partie du patrimoine de l'UNESCO.	☐	☐	

Jeu de mots

5 N'importe quoi!

→ En plus CD, 1 △, 2 △, 3

Marie et ses copines se sont amusées à changer les mots du texte que leur copine Natascha a écrit pour résumer la leçon 1. Le résultat est un peu bizarre!

Lis leur texte. Puis remplace les mots qui n'ont pas de sens avec l'expression qui va avec le contexte partout où c'est possible. Ecris les phrases correctes dans ton cahier.

1. Devant le Château des festivals, des journalistes du pays entier sont venus photographier les belles robes que les réalisateurs ont faites pour le défilé des acteurs sur le grand toit rouge.
2. Les photographes rêvent tous de rencontrer une marionnette inconnue.
3. Le festival présente des films français et étranges.
4. Le meilleur film de la présentation peut gagner le Palmier d'argent.
5. Royal de Luxe est un jury qui présente des films de théâtre de ville à Caen.
6. La publicité aime regarder les énormes scènes de bois et de bijoux qui courent dans les chantiers navals.

---

1 personne ne … niemand *(Subjekt)*

En forme

6 Quelles étourdies[1]! (G 1)

→ En plus CD, 4 △

Carole et sa cousine sont trop contentes de partir à Nantes. Mais elles ont attendu trop longtemps pour faire leur valise …

Voici les règles pour les temps du passé. Note les temps du passé correct en français.

TIPP

Für diese Übung musst du **alle Zeiten der Vergangenheit** wiederholen, die du gelernt hast. Im Grammatischen Beiheft findest du die Regeln auf den Seiten 5 und 75. Ordne die passende Zeit den Regeln 1, 2 und 3 zu. Überlege für jede Handlung genau, was ausgedrückt werden soll. Du kannst dir die Reihenfolge der einzelnen Handlungen auf einem Zeitstrahl notieren, um einen besseren Überblick zu bekommen.

1 einmalige, abgeschlossene Handlung = ______________________

2 Zustand, Hintergrund, Gewohnheit = ______________________

3 Ereignis zeitlich **vor** der Haupthandlung = ______________________

*Maintenant, lis toutes les phrases. Puis choisis pour chaque verbe **le temps du passé qui convient** et transforme les phrases. Ensuite, note le numéro de la justification (**1**, **2** ou **3**) dans la case de droite .*

1. Les filles partent pour Nantes à midi.

______________________________________ ☐

2. Elles veulent voir le spectacle de Royal de Luxe en réalité.

______________________________________ ☐

3. Une heure avant le départ, elles font très vite leur valise …

______________________________________ ☐

4. … et elles ne font pas très attention …

______________________________________ ☐

5. … parce qu'elles n'ont plus assez de temps.

______________________________________ ☐

6. Quand elles arrivent à l'hôtel, …

______________________________________ ☐

7. … leur caméra n'est pas dans leur valise.

______________________________________ ☐

8. Alors, elles ne peuvent pas faire de film du spectacle.

______________________________________ ☐

9. Déjà pour leur voyage en Italie, elles oublient la chose la plus importante: leur argent!

______________________________________ ☐

---

1 étourdi(e) *(adj.) hier:* zerstreut, vergesslich (Was für zerstreute / vergessliche Mädchen!)

En forme

7 Une troupe incroyable à Nantes! (G 2)

→ En plus CD, 5

Yannick veut visiter Nantes pendant ses vacances. Il explique pourquoi.

*Lis son texte. Puis utilise les pronoms relatifs **qui, que, où, dont** pour former des phrases.*

Exemple:
La Bretagne est une jolie région. J'aime beaucoup cette région
→ La Bretagne est une jolie région **que** j'aime beaucoup.

TIPP

Anders als qui, que und où ersetzt das Relativpronomen ***dont*** eine Ergänzung mit de im Relativsatz. Achte genau auf die Wortstellung! Bei Relativsätzen mit ***dont*** benutzt du immer dieselbe Wortstellung wie im Aussagesatz: Subjekt - Verb - Ergänzung.

1. Nantes est une grande ville française. Mon père a vécu à Nantes, mais je ne connais pas encore cette ville.

2. Il y a des centaines de touristes dans cette ville. Beaucoup de touristes viennent d'un pays étranger.

3. On y trouve une troupe de théâtre. Elle est très connue en France.

4. On dit que cette troupe est incroyable. J'ai oublié le nom de cette troupe.

5. Elle présente des spectacles fantastiques. Tous les journaux parlent de ces spectacles.

6. Je veux voir les marionnettes géantes de cette troupe. Tous les gens adorent ces marionnettes.

7. Mais avant, je dois trouver un job d'été. J'ai absolument besoin de ce job pour payer mon voyage.

8. A Nantes, mon père a toujours un ami. Il est d'accord pour m'aider à trouver un job là-bas.

9. Cet ami est acteur de cinéma. Il me parle souvent de cet ami.

10. Un jour, j'espère faire un stage de théâtre avec les artistes de cette troupe géniale. Je rêve souvent d'eux.

En forme
Jeu de mots

8 L'esprit de contradiction[1] (G 3)

Caroline est une fille très sympa, mais elle a l'esprit de contradiction parce qu'elle aime bien dire le contraire de ce que disent les autres. Souvent, elle a raison.

Lis les phrases et mets ***le contraire des expressions en caractères gras*** *dans les phrases de Caroline. Utilise* ***la mise en relief*** *et* ***les pronoms personnels disjoints*** *pour les expressions ou mots en couleur. N'oublie pas de conjuguer les verbes au temps qui convient.*

Julia: Hier, à la télé, j'ai vu Marie Bouquet, c'est une actrice **connue**.

Caroline: Mais non, Marie Bouquet est ________________.

Sophie Marceau, c'est ____________________ (être) connue!

Marco: Ah oui, Caroline a raison. Vous savez, un jour à Cannes, Sophie Marceau est arrivée **en haut** des marches du Palais des festivals de Cannes à moitié **habillée**, hi, hi, hi!

Caroline: Oui … enfin, non … il faut plutôt dire à moitié ____________!

Et pas en haut, ________________ des marches ______ elle était.

Sarah: Oh là là, ce festival, c'est une compétition **nationale**, alors toute la France a vu ce scandale!

Caroline: Cannes? Mais c'est une compétition ________________, voyons! Des journalistes du monde entier étaient là et ________________________________ (envoyer) des photos à tous les journaux.

Tom: Comment est-ce que tu sais tout cela? Tu étais là-bas avec tes parents?

Caroline: Moi non, mais mon père, oui. ________________________ (voir) tout ça.

Julia: Super, cette histoire! Alors, Marie et Viola vont en faire un petit article pour le journal du lycée.

Caroline: Ah non, pas Marie et Viola! ________________________________ ________________ (écrire) cet article, mais moi!

Marie: D'accord, d'accord, ______________________________ (le faire). Mais Julia, ____________________________________ (le présenter) sur le site Internet de notre journal avec des photos.

Julia: Pourquoi moi? Je n'ai plus Internet chez moi. Ce sera le travail de Tom et de Marco de notre équipe. Depuis cette année, ____________________________ (s'occuper) de l'informatique[2].

Tom et Marco: Ok, comme d'habitude, ________________________ (faire) ce travail.

---

1 l'esprit *(m.)* **de contradiction** *(f.)* der Widerspruchsgeist – **2 l'informatique** *(f.) hier:* die Betreuung der Website der Schule

En forme

9 Devenir un bon acteur, ce n'est pas si difficile! (G 4)

Dans une émission de télé, Richard, un acteur professionnel très connu, donne des conseils[1] aux jeunes qui rêvent de faire ce métier.

*Lis la liste des idées qu'il a préparée pour ne rien oublier. Puis transforme-les d'après l'exemple: remplace les mots/parties souligné(e)s. Utilise **l'impératif avec un pronom**, à la forme positive ou négative.*

+	–
1. aller d'abord dans une bonne école de théâtre	**9.** ne pas accepter de sujets trop nuls
2. faire des films qui parlent de choses intéressantes	**10.** ne pas arriver en retard tous les jours au studio
3. choisir un réalisateur connu pour votre 1er film	**11.** ne pas oublier d'apprendre vos textes par cœur
4. parler aux collègues des critiques des journalistes	**12.** ne pas croire que vous êtes la plus grande star
5. accepter l'aide d'autres acteurs plus vieux	**13.** ne pas raconter votre vie privée[2] au public
6. respecter les acteurs plus jeunes que vous	**14.** ne pas toujours jouer les mêmes rôles
7. travailler avec toute l'équipe	**15.** ne pas demander trop d'argent pour un rôle
8. donner une image positive de vous	**16.** ne pas mal s'habiller pour aller à un casting

1. **Allez-y** d'abord.
2. ______
3. ______
4. ______
5. ______
6. ______
7. ______
8. ______
9. ______
10. ______
11. ______
12. ______
13. ______
14. ______
15. ______
16. ______

1 un conseil ein Rat(schlag) – **2 la vie privée** das Privatleben

Interro

Médiation

1 *Nouvelle vie*

Deine Freundin Martha interessiert sich für die Festspiele in Cannes. Im Internet hat sie ein gutes Interview mit einer Schauspielerin gefunden, aber leider nicht alles verstanden. Sie bittet dich um Hilfe. Sie möchte mehr über den neuen Film *Nouvelle vie* und über die Schauspielerin erfahren.

Lies den Text und fasse in einer E-Mail an Martha die ***wichtigsten Informationen*** *auf Deutsch zusammen.*

Anne Montclair, journaliste: Nous sommes à Cannes sur la Croisette pour un reportage spécial, car le célèbre festival de cinéma vient de commencer hier. Je suis avec Marina, une jeune actrice très sympathique que je viens de rencontrer et qui a accepté de répondre à mes questions. Marina, bonjour, c'est la première fois que vous participez au festival, si j'ai bien compris?

Marina: Oui, c'est bien cela. Je suis venue avec deux autres acteurs et notre réalisateur pour présenter son dernier film *Nouvelle vie.*

Journaliste: Vous jouez quel rôle dans ce film?

Marina: Je ne joue pas le rôle principal, mais c'est quand même un rôle intéressant: je suis une jeune fille du nord de la France, qui arrive à Paris pour commencer une vie d'actrice. Elle a tout quitté pour réaliser son rêve.

Journaliste: Mais, je ne comprends pas, ce n'est pas le rôle principal, le thème le plus important de ce film?

Marina: Non, pas du tout. Le film raconte surtout l'histoire d'un réalisateur très connu, mais qui n'a plus vraiment de succès, le public ne veut plus voir ses films. Il a fait trop de films romantiques un peu faciles, des films qui parlaient des mêmes thèmes avec des scènes d'amour un peu débiles. Un jour, il décide de changer et de s'engager pour parler de toutes les choses graves qui se passent dans notre monde d'aujourd'hui. Il veut proposer des films qui s'intéressent aux grands problèmes de notre époque, des films qui aident le public à réfléchir. Il espère trouver de nouveaux spectateurs, intéresser un autre public.

Journaliste: Oui, alors, je comprends le titre de ce film Nouvelle vie. *Finalement, il change de vie, non?*

Marina: Oui, c'est ça. Comme il ne réussit pas à trouver des acteurs qui veulent l'aider à changer de style, il en a tellement marre qu'il choisit de tout quitter pour vivre à la campagne. Il s'achète une grande maison pour pouvoir s'occuper de chiens, de chats et d'autres animaux, dont personne ne veut plus, jusqu'au jour où. … Mais je ne veux pas vous raconter la fin du film. Il faut aller le voir!

Journaliste: Oui, je suis curieuse de connaître la fin! Et vous, dites-moi, vous êtes très jeune? Quand est-ce que vous avez commencé ce métier?

Marina: Il y a déjà quelques années. Mon père travaillait dans le monde du cinéma et parfois, j'allais avec lui quand il tournait avec son équipe. Un jour, j'avais 13 ans, un réalisateur m'a donné un rôle dans son nouveau film.

Journaliste: Votre père devait être content, non?

Marina: Oui … enfin. .. oui ET non. Il y a eu des problèmes, il ne voulait pas vraiment voir sa fille devenir actrice. Il pensait que je devais plutôt faire des études et nous nous disputions souvent, car moi, je rêvais de faire un jour ce métier d'actrice.
Alors, le jour de mes 18 ans, je suis partie à Paris.

Journaliste: Et vous pensez passer toute votre vie dans le cinéma?

Marina: Non, je ne crois pas. Vous savez, un jour, je voudrais avoir une famille et des enfants. Et moi aussi, je voudrais m'engager pour des choses graves, par exemple pour aider les pauvres enfants qui meurent de faim dans le monde. Et puis je trouve que le cinéma devient de plus en plus une industrie. Pour beaucoup d'acteurs, c'est juste pour gagner de l'argent. Et on a parfois l'impression, avec tout ce bruit médiatique, que les journalistes s'intéressent plus aux robes et à la vie des stars qu'à leurs films.

Journaliste: Alors, je vous trouve très sérieuse pour votre âge et nous vous souhaitons bonne chance pour tout !

Grammaire : vocabulaire

2 Un voyage raté

Patricia est allée à Cannes avec ses parents. Sur son blog, elle raconte son voyage à ses amis.

Lis le texte, puis complète-le avec les mots qui manquent et qui vont avec le contexte et avec les formes correctes des verbes ***aux temps du passé*** *qu'il faut. Attention à l'accord des participes!*

La semaine dernière, ma famille et moi, nous (partir) ______________ à Cannes pour le ______________. Nous (arriver) ______________ avant le début parce que nous (vouloir) ______________ un peu visiter la ville. Il y (avoir) ______________ beaucoup de monde dans les rues. Nous (rêver) ______________ de voir l'arrivée des ______________ avec leurs belles robes de grands ______________ sur les marches du ______________ des festivals. Mais devant le célèbre ______________ rouge, des ______________ de touristes et de ______________ du monde ______________ (attendre) ______________ pour prendre des photos. Mon père (réussir) ______________ à trouver une bonne place pour filmer, mais quand il (vouloir) ______________ commencer, il (voir) ______________ qu'il (oublier) ______________ sa meilleure ______________ à l'hôtel! Alors, il (ne pas pouvoir) ______________ faire de film. Comme ma mère (ranger) ______________ ses affaires, ils (se disputer) ______________ et moi, je (ne pas être) ______________ contente, car je / j' (promettre) ______________ à mes copains de leur montrer le film de mon père. En plus, comme je (ne pas trouver) ______________ une bonne place, je (ne pas bien voir) ______________ le ______________. Le dernier jour, ma mère, qui (acheter) ______________ des tickets pour le film de son ______________ préféré, (ne plus se souvenir) ______________ de l'endroit où elle les (cacher) ______________. Donc, pas de ______________ pour nous ce jour-là! Un vrai ______________, ce séjour à Cannes! Tout raté!

2

Unité 2
Un séjour à l'étranger

Ecouter **1**

Voyage humanitaire: le séjour responsable

4

En France, il y a beaucoup de jeunes qui souhaitent partir à l'étranger pour s'engager, pour prendre des responsabilités, mais aussi pour découvrir un autre monde. Les voyages humanitaires sont faits pour eux.

L'entrée d'un temple bouddhiste.

A *Lis d'abord ce que tu dois faire.*
Puis écoute le document.
Coche la bonne réponse.

Dans le document, on parle **surtout** …

☐ des voyages humanitaires.
☐ d'Arthur qui fera bientôt un voyage humanitaire.
☐ des projets d'Arthur pour l'avenir.

B *Ecoute le document encore une fois, coche la/les bonne(s) réponse(s) et complète les phrases (8.).*

1. Le voyage d'Arthur commence
☐ chez le médecin.
☐ dans une pharmacie.
☐ dans une agence de voyages.

2. Arthur partira
☐ à la fin du mois.
☐ dans un mois.
☐ dans trois mois.

3. Il partira pour
☐ Katmandou.
☐ le Népal.
☐ le Bhoutan.

4. Il y restera
☐ un mois.
☐ deux mois.
☐ trois mois.

5. Il y donnera des cours
- [ ] d'anglais.
- [ ] de français.
- [ ] d'histoire.

6. Arthur a
- [ ] 17 ans.
- [ ] 18 ans.
- [ ] 19 ans.

7. Arthur a fait des études
- [ ] d'anglais.
- [ ] de français.
- [ ] d'histoire.

8. Arthur dit qu'il a toujours eu cette ______________ de partir,

de ______________ autre chose.

Il a un peu peur parce que c'est la première fois qu'il voyage ______________ ,

un peu dans ______________ .

9. Arthur doit payer
- [ ] son billet d'avion et 600 euros.
- [ ] 600 euros pour le billet d'avion.
- [ ] 600 euros pour le séjour.

10. Il partira avec l'organisation
- [ ] «Jeunes et Construction».
- [ ] «Jeunes et Reconstruction».
- [ ] «Jeunesse et Reconstruction».

11. Pour pouvoir partir avec cette organisation, il faut avoir
- [ ] au minimum 14 ans.
- [ ] au minimum 17 ans.
- [ ] au minimum 18 ans.

Lire

2 Partir à l'étranger avec *Projects Abroad*

→ En plus CD, 1 △

Pendant les vacances d'été, tu aimerais bien passer quelques semaines à l'étranger? Alors, engage-toi! Sur le site *Projects Abroad*, tu trouves des informations sur des chantiers internationaux et des stages d'été.

A *Lis d'abord ce que tu dois faire, puis le texte.*
*(Alle Wörter und Wendungen mit * sind erschließbar. Wende die Strategien an, die du kennst!)*

ProjectsAbroad

Chantiers internationaux[1] et stages d'été

Vous avez entre 16 et 19 ans? Vous avez le temps pendant 2 semaines?
Pourquoi ne pas travailler avec nous sur nos **chantiers internationaux et stages d'été** que nous avons créés spécialement* pour vous?
Ces chantiers de jeunes et ces stages en juin, juillet et août vous donneront une expérience inoubliable* vous permettant de découvrir d'autres cultures pendant 2 semaines (des possibilités existent* aussi sur 4 semaines). Bien sûr, vous pouvez aussi participer à une mission* ou un stage standard* qui dure au moins 4 semaines.
L'organisation de nos chantiers de jeunes vous permet de profiter au maximum* de votre court séjour à l'étranger [...].

Nos chantiers de jeunes ont beaucoup d'avantages:

- Des dates fixes*: 1 à 4 sessions* d'un chantier sont organisées en été (parfois en hiver également).
- Une durée fixe: 2 semaines pour découvrir un pays, sans rester loin de chez soi trop longtemps [...]!
- Le tarif* [...] de ces chantiers internationaux varie* entre 1 320€ et 2 520€ pour 2 semaines, et entre 1 795€ et 3 370€ pour 4 semaines. A cela s'ajoute[2] le prix du billet d'avion. [...]
- Vous pouvez vous intégrer* dans une équipe internationale et vivre en groupe une expérience que vous n'oublierez pas.
- On vous propose une combinaison passionnante entre travail sur les chantiers, activités en soirées et excursion* le week-end.
- Vous pouvez vous engager pendant votre séjour d'été: votre aide sert à quelque chose!
- Vous avez la possibilité de tester pendant 2 semaines une profession (médecine, droit, journalisme*...)
- Vous pouvez choisir votre chantier parmi un grand nombre de chantiers extraordinaires[3].

Sur ces chantiers et stages de 2 semaines, nous nous occupons spécialement des 16–19 ans pour garantir* pleinement* leur sécurité* [...]: les jeunes sont accompagnés par des animateurs de *Projects Abroad* pendant les sorties et ils n'ont pas le droit de boire de l'alcool*.

Quelques autres chantiers fonctionnent* sur le même principe, mais durent 4 semaines (chantier humanitaire* et construction au Ghana, stage d'orientation médecine au Ghana, chantier humanitaire et stage d'orientation médecine en Inde, stage d'orientation médecine et cours d'espagnol* en Argentine* [...]).
Ces chantiers humanitaires sont l'option* idéale pour [...] travailler avec des enfants défavorisés[4] [...].
Les missions humanitaires de *Projects Abroad* sont ouvertes à tous. [...]

---

1 des chantiers internationaux *(m., pl.) hier:* internationale Workcamps – **2 s'ajouter** *hier:* hinzukommen – **3 extraordinaire** außergewöhnlich – **4 défavorisé(e)** benachteiligt

Vrai ou faux? Coche. Justifie ta réponse: note la ligne/les lignes dans le tableau.

	vrai	faux	ligne(s)
1. Il faut avoir au moins seize ans pour pouvoir participer à un stage ou un chantier avec *Projects Abroad*.	☐	☐	
2. Les jeunes bénévoles n'oublieront jamais cette expérience.	☐	☐	
3. Les stages ou chantiers pour les jeunes peuvent durer aussi quatre semaines.	☐	☐	
4. Il y a un seul tarif pour les chantiers internationaux de deux semaines.	☐	☐	
5. Le tarif pour les chantiers internationaux comprend[1] le séjour à l'étranger et le billet d'avion.	☐	☐	
6. Le chantier le plus cher coûte plus de 3 000 euros.	☐	☐	
7. Sur les chantiers de *Projects Abroad*, on travaille surtout avec des jeunes Français.	☐	☐	
8. Le week-end, *Projects Abroad* organise aussi des sorties pour les bénévoles.	☐	☐	
9. Quand on s'inscrit à un chantier international, on peut choisir entre des projets différents.	☐	☐	
10. Sur les chantiers et pendant les stages d'été pour les jeunes, il y a toujours un surveillant qui s'occupe des bénévoles.	☐	☐	
11. *Projects Abroad* propose aussi un chantier humanitaire en Argentine.	☐	☐	
12. Tout le monde peut participer aux missions humanitaires.	☐	☐	

B *Lis le texte encore une fois, puis retrouve les phrases qui* ***correspondent au texte****.*

1. En Argentine,
2. Tous les chantiers
3. Si on a envie,
4. Pour participer à un chantier,

a fonctionnent sur le même principe.
b il faut au moins payer 1 320 euros.
c on peut aussi boire une bière[2] le soir.
d on peut aussi participer à une mission de plus de quatre semaines.
e on peut suivre un cours d'espagnol pendant quatre semaines.
f *Projects Abroad* a créé des missions de plus de quatre semaines.

1. ______ **2.** ______ **3.** ______ **4.** ______

Ecrire

C *Aurais-tu envie de participer à un stage ou de travailler sur un chantier de* Projects Abroad*? Pourquoi (pas)? Donne plusieurs réponses pour justifier ton opinion. Ecris environ quatre à cinq phrases.*

____

____

____

____

1 comprendre *hier:* umfassen – **2 une bière** ein Bier

Ecrire

3 Mon stage en Bretagne

Imagine: pendant les vacances d'été, tu as travaillé comme animateur / animatrice dans un camping près de Concarneau en Bretagne. A la fin de ton séjour, tu écris un rapport de stage pour le chef du camping, M. Bihan.

Voici l'annonce à laquelle tu avais répondu pour poser ta candidature. Les informations données dans l'annonce t'aideront à écrire ton rapport.

TIPP

Bevor du mit dem Schreiben beginnst, notiere dir einige **wichtige Stichpunkte** auf einem Zettel. Denk dabei auch an die Strategien zum **Verfassen eines Praktikumsberichts**, die du auf S. 21 deines Schulbuches gelernt hast.

Vous êtes sportif / sportive et vous aimez être avec les enfants de 8 à 12 ans?

Le camping «Les Mouettes» cherche pour les vacances d'été (15 juillet - 1er septembre) des animateurs / animatrices pour s'occuper des enfants de nos vacanciers.

- Vous organisez des activités sportives (natation, foot, basket, ping-pong) et culturelles (jeux, théâtre, musique) pour eux.
- Heures de travail: 9 à 12 heures et 14 à 17 heures.
- Une journée de repos par semaine.
- Expériences demandées.
- Connaissances en anglais et en allemand souhaitées.

Envoyez votre lettre de motivation à
M. Hervé Bihan
Camping «Les Mouettes»
Plage de Kerleven
29940 Fouesnant

En forme
Parler

4 Comment les ados gagnent de l'argent de poche.

→ En plus CD, 2

Pour avoir un peu plus d'argent de poche, les jeunes en France comme en Allemagne aident leurs parents. Voici une statistique qui montre ce que les ados français entre 14 et 17 ans font comme petits boulots à la maison.

A *Regarde d'abord la statistique. Comment pourrais-tu exprimer les pourcentages autrement? Note dans le tableau.*

5 **B** *Ecoute le CD et essaie de répondre aux questions à l'aide de la statistique.*

TIPP

1. Wenn du über eine **Statistik** sprechen sollst, verwende statt der genauen Prozentzahlen möglichst die Ausdrücke, die du im *On dit*-Kasten auf S. 24 deines Schulbuches gelernt hast. Du kannst deine Angabe durch „environ" bzw. „plus de/moins de" ergänzen.
2. Wenn du noch Schwierigkeiten mit den **Bruchzahlen** hast, findest du im *En plus*-Teil eine Tabelle zum Üben (*Exercice* 2). Drucke sie dir aus und fülle sie aus, bevor du mit dieser Übung beginnst.

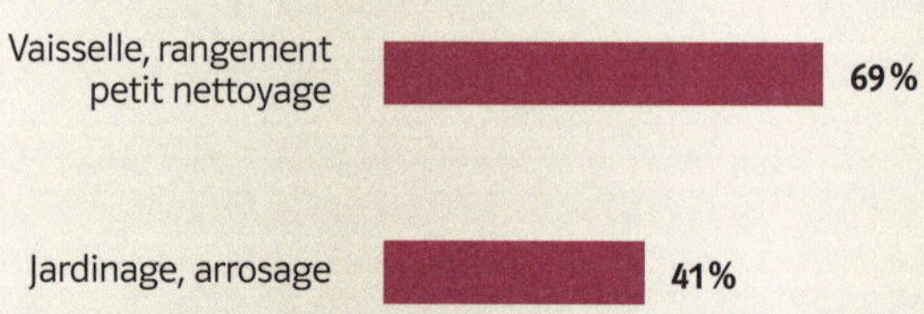

fraction		... sur ...
environ ______ = ______		environ ______
environ ______ = ______		environ ______

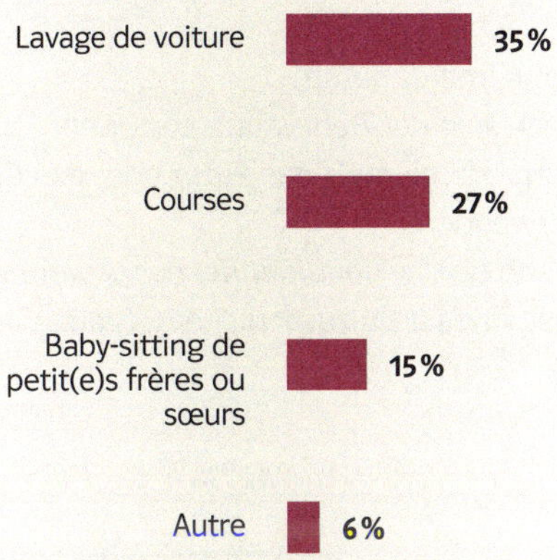

plus de/d'		plus de/d'
______ =	______________	______________
plus de/d'		plus de/d'
______ =	______________	______________
environ		environ
______ =	______________	______________
moins de/d'		moins de/d'
______ =	______________	______________

Médiation

5 Quel stage choisirais-tu?

Um seine Deutschkenntnisse zu verbessern, würde dein französischer Freund Sébastien, der in diesem Jahr sein „Bac" ablegt, danach gerne einige Zeit in einem deutschsprachigen Land verbringen.
Im Internet hat er diese beiden Anzeigen für eine Praktikumsstelle gefunden.
Er hat sie dir geschickt und möchte nun deine Meinung dazu wissen.

In einer E-Mail erklärst du ihm (auf Französisch natürlich!), für welches Praktikum du dich an seiner Stelle bewerben würdest und warum das andere für ihn nicht infrage kommt.

Praktikum (3–6 Monate) in der Online-Redaktion von Kino + Fernsehen.de in Berlin

Unser Online-Portal ist der virtuelle Treffpunkt für alle Freunde des deutschsprachigen Films. Hier können Fans über die neuesten Kino- und Fernsehfilme diskutieren, die besten Eventtipps austauschen und aktuelle Neuigkeiten aus dem Leben deutschsprachiger Schauspieler erfahren.

Aufgaben:

- Verfassen von Artikeln zur Veröffentlichung auf unserer Web-Seite
- Interviewen von Künstlern des deutschsprachigen Films
- Überarbeiten und Aktualisieren unserer Webseiten-inhalte.

Qualifikation:

- Großes Interesse an deutschsprachigen Film- und Fernsehproduktionen
- Sehr gute Grundkenntnisse in der Bildbearbeitung (Photoshop)
- Einwandfreie Rechtschreibkenntnisse, origineller Schreibstil und sehr gute Ausdrucksweise.

Wurde dein Interesse geweckt?

Dann sende deine Bewerbungsunterlagen per E-Mail an:
arbeiten@Kino+Fernsehen.de
Ansprechpartner: Maximilian Ohnesorge.

Praktikum (ca. 6 Monate) im Bereich Tourismus im Fremdenverkehrsamt in St. Gallen (Schweiz)

Direkt im Stadtzentrum von St. Gallen erwarten Sie Ihr neuer Arbeitsplatz, ein vielseitiges Aufgabengebiet und ein motiviertes, junges Team. Ziel ist es, in- und ausländische Touristen für die Region St. Gallen zu begeistern und über die zahlreichen Aktivitäten und Veranstaltungen zu informieren.

Aufgaben:

- Organisation von Stadtführungen
- Beratung der Touristen im Info-Center (Information & Hotelreservierung)
- Marketing, inkl. Betreuung der Webseite.

Qualifikation:

- Kommunikationsfähigkeit und interkulturelle Kompetenzen
- Organisationstalent, Verantwortungsbewusstsein, Teamfähigkeit, Flexibilität und Belastbarkeit
- Gute EDV-Kenntnisse (MS Office, Outlook, Internet)
- Gute Deutsch- und Englischkenntnisse (Wort und Schrift); weitere Fremdsprachen erwünscht.

So können Sie sich bei uns bewerben:

Senden Sie Ihre Bewerbungsunterlagen per E-Mail an:
praktikum@TourismusSt.Gallen.ch
Ansprechpartner: Roger Hauser.

En forme

6 Si, si, si ... (G 5, 7)

→ En plus CD, 3 △, 4 △

Sylvain et ses parents discutent des projets de Sylvain pour les vacances d'été.

Lis le texte, puis complète-le avec les verbes au temps et au mode qu'il faut.

> **TIPP**
>
> **Denk immer daran:**
> Nach ***si*** in der Bedeutung von „wenn" bzw. „falls" darfst du **niemals das *Futur*** oder **das *Conditionnel*** verwenden.
> Wenn du das *Conditionnel passé* weiter üben möchtest, findest du zusätzliche Aufgaben im *En plus*-Teil.

Sylvain: Hier, j'étais sur le site de Projects Abroad.

Vous savez, ils proposent des stages d'été super. Si j'(avoir) ____________ des meilleures notes en espagnol, je (pouvoir) ____________ faire un stage en Argentine avec eux.

M. Arnaud: Je ne comprends pas ton problème. Moi, je te dis: si tu (faire) ____________ un stage en Argentine, tu (avoir) ____________ des meilleures notes en espagnol après! Mais l'Argentine, c'est loin. Et le voyage est cher, non?

Sylvain: Oui, c'est vrai. Ecoutez, si Pierre et moi, nous (partir) ____________ ensemble en vacances cet été, ce (être) ____________ pas mal, non? Et si on (s'inscrire) ____________ à un cours de langues à l'étranger, vous me le (permettre) ____________?

Mme Arnaud: Nous ne (dire) ____________ sûrement pas non si tu en (payer) ____________ une partie toi-même.

En forme

7 Les projets de Sylvain (G 9)

Sylvain rêve d'un séjour linguistique à l'étranger.

*Lis les phrases puis transforme-les en utilisant **le participe présent**.*

> **TIPP**
>
> Ableitung des *Participe présent*:
> 1. Ps. Pl. Präsens: nous **arriv**ons (Stamm)
> **-ant** (Endung)
> → **arrivant**
>
> Denke daran, dass die Form im Gegensatz zum Gérondif **ohne** *en* steht"

1. Sylvain, qui désire faire un cours de langues à l'étranger, parle de ses projets avec ses parents.

____

2. Comme il doit payer une partie du voyage lui-même, il cherche un petit boulot.

____

3. Parce qu'il a peur des chiens, il ne peut pas travailler comme dog-sitter.

____

4. Mais comme il est bon élève, il pourrait aider les autres élèves de la classe.

____

En forme
Jeu de mots

8 Le monde du travail (G 6, 8)

Cet été, Patrick aimerait bien travailler un peu.
Alors, il a commencé à chercher un stage intéressant.

Lis le texte, puis complète-le
- *avec les mots/les expressions qui manquent et qui **vont avec le contexte**,*
- *avec les formes correctes du verbe **s'asseoir** et*
- *avec les questions que le DRH (le **d**irecteur des **r**essources **h**umaines = der Personalchef) pose à Patrick.*

TIPP

1. Wenn es dir noch schwerfällt, die Wörter oder Ausdrücke zu finden, sieh dir noch einmal die Mindmap auf S. 113 deines Schulbuchs an.
2. Um die Fragen des Personalchefs korrekt zu formulieren, liest du dir am besten vorher ganz genau Patricks **Antworten** durch.

Pour trouver un stage, Patrick a d'abord lu ______________________ sur Internet et dans les journaux. Puis il a trouvé une annonce pour un poste de stagiaire dans un office de tourisme à Marseille. Pour ______________________ à ce poste, il a rédigé ______________________, il a fait son ____________ et il les a envoyés à l'office de tourisme. Et il a eu de la chance: on l'a invité à ______________________.

Aujourd'hui, c'est le grand jour.

La secrétaire: Vous êtes bien M. Patrick Lemercier? M. Calmein, notre DRH, vous recevra dans quelques minutes. Vous pouvez ______________________ ici pour attendre.

Patrick: Merci, madame. Mais je préfère rester debout, car j'étais ____________ devant mon ordinateur toute la journée. *M. Calmein arrive et ils vont ensemble dans son bureau.*

Offices de Tourisme de France

M. Calmein: ______________________, M. Lemercier.
Pourquoi ____?

Patrick: J'aimerais bien avoir ce poste parce que ce serait ma première expérience dans le monde du travail.

M. Calmein: ______________________________ Marseille?

Patrick: Oui, je connais très bien la ville et ses musées.

M. Calmein: ____?

Patrick: Je m'intéresse surtout à l'histoire de l'art et aux expositions.

M. Calmein: ____?

Patrick: Je pourrais commencer le 1er août, si c'est possible.

M. Calmein: ____?

Patrick: Oui, j'aurais aussi la possibilité de commencer plus tôt.

M. Calmein: Ecoutez, M. Lemercier. Je voudrais bien vous ______________________ si vous pouvez commencer à travailler ______________________ 15 juillet.

Patrick: Merci beaucoup, monsieur. Je vais m'arranger.

Lire

1 Le blog de Tom

Tom, un jeune Allemand de 16 ans, vient d'arriver à Beaucaire, en Provence, où il travaillera sur un chantier international pendant six mois.

A *Lis d'abord le texte du blog. Puis résume-le en une ou deux phrase(s).*

Octobre: Mes premiers jours

A notre arrivée, le père d'Alex est venu nous chercher en voiture et nous sommes allés au gîte où nous allons habiter. Madame Figuolles, la mère de Clara et d'Alex, nous attendait pour manger. […]

Dans le gîte, il y a quatre chambres pour deux personnes, une salle de bains pour les filles et une autre pour les garçons. Moi, on m'a mis avec Pierre, et Alex et Christopher sont dans une autre chambre. Hatice est avec Clara, et bien sûr, les jumelles[1] sont ensemble. […]

Le lendemain matin, grosse déception[2] au petit-déjeuner: sur la table, il y avait quelques baguettes, du beurre, de la confiture. C'est tout. Pas de croissants, pas de jambon, pas d'œufs, pas de fromage ou de céréales*. J'ai demandé à Clara: «C'est normal que les Français consomment* toutes leurs calories quotidiennes[3] le soir, en un seul repas? Vous ne gardez rien pour le petit-déjeuner?»

Il n'y avait pas de bols non plus (nos Müslischalen, dans lesquels[4] les Français boivent leur café - normalement, enfin, dans les films!) mais seulement des tasses normales, les mêmes que chez moi […].

Christopher m'a regardé:

- C'est triste, hein?
- Ouais.
- Chez nous, en Angleterre, on tuerait[5] la personne qui oserait appeler ça un petit-déjeuner!
- En Allemagne, on ne la tuerait pas. Mais on la dénoncerait* à la police du petit-déjeuner.

On a soupiré tous les deux.

- Et dans le lit, t'as fait comment, hein?
- Comment ça, dans le lit?

Là, il a regardé Alex, et ils ont éclaté de rire tous les deux.

- Oh oui! Fais le Français, Chris! Fais-le pour Tom!

Et là, Christopher s'est mis devant nous, et il a mis ses pieds comme une danseuse. Un peu comme ça:

«C'est comme ça qu'il faut mettre les pieds dans un lit français: en ligne droite!» a-t-il expliqué. «Les Français doivent se glisser[6] sous leurs draps[7], et après, ils ne peuvent plus bouger!»

Et c'est vrai que j'avais eu beaucoup de mal* à m'installer dans le lit, avec le drap serré sous le matelas[8]! Sans parler de l'oreiller[9], en réalité une sorte de grosse saucisse pas confortable* que j'ai jetée par terre[10]. […]

Puis les filles sont descendues aussi, et Christopher a refait les pieds à la française, et Hatice a dit qu'elle aussi, elle avait jeté l'oreiller-saucisse par terre, et on a tous raconté comment on dormait, chez nous, et ce qu'on mangeait le matin au petit-déjeuner, et c'était très sympa. Alex et Clara disaient tout le temps: «Ah ouais?» «Ah ouais?» et ils nous ont expliqué qu'en France, personne ne* mange du fromage ou des saucisses le matin. «Sauf[11] les fous et les étrangers!» a dit Alex.

Dans son blog, Tom raconte ______________________________

____

1 des jumelles *(f.,pl.)* (weibliche) Zwillinge – **2 une déception** eine Enttäuschung – **3 quotidien(ne)** täglich – **4 lequel/laquelle/lesquels/lesquelles** welcher/welche/welches *(Relativpron.)* – **5 tuer** töten – **6 se glisser sous qc** unter etw. schlüpfen/gleiten – **7 un drap** ein Bettlaken – **8 serré(e) sous le matelas** *hier:* ein-/festgespannt unter der Matratze – **9 un oreiller** ein Kopfkissen – **10 jeter par terre** auf den Boden werfen – **11 sauf** außer

B *Vrai ou faux? Coche. Justifie ta réponse: note la ligne/les lignes dans le tableau.*

	vrai	faux	ligne(s)
1. Tom habite avec d'autres jeunes dans le gîte de la famille Figuolles.	☐	☐	
2. Clara est la sœur d'Alex.	☐	☐	
3. Dans la maison, il y a deux salles de bains.	☐	☐	
4. Tom a une chambre pour lui tout seul.	☐	☐	
5. Au petit-déjeuner, on mange du muesli dans des bols.	☐	☐	
6. Christopher est allemand aussi.	☐	☐	
7. Christopher et Tom ne sont pas contents du petit-déjeuner.	☐	☐	
8. Dans un lit français, il faut mettre les pieds dans une position spéciale.	☐	☐	
9. Au petit-déjeuner, l'ambiance est mauvaise.	☐	☐	
10. A chaque repas, les Français ont l'habitude de prendre du fromage.	☐	☐	

Grammaire et vocabulaire

2 Sylvain cherche un petit boulot.

Sylvain est à la recherche d'un petit boulot. Ses copains lui donnent de bons conseils.

Lis les phrases, puis mets les verbes à la forme correcte.
*Trouve **le mot ou l'expression qui va avec le contexte**.*

1. – Moi, si je/j'(être) ________ à ta place, je (regarder) ________ les ________ dans le journal et sur Internet.

2. – Tu sais, ________ la semaine prochaine, M. Delvigne cherche quelqu'un pour ________ son chien. C'est un rottweiler, si je ne me ________ pas. Est-ce que tu te sens ________ de t'occuper de lui? Moi, je ne sais pas si je (pouvoir) ________ le faire …

3. – Tu as des bonnes notes en maths et en anglais, non? Donc, tu (devoir) ________ faire profiter les autres élèves de ton ________.

Ecrire

3 Ecrire une lettre de motivation

Imagine: après son bac, ton frère aimerait bien faire un stage de quelques semaines à l'étranger. Dans un journal allemand, il a trouvé l'annonce suivante qui l'intéresse beaucoup.

Comme tu es meilleur(e) que lui en français, tu l'aides à écrire sa lettre de motivation. Après, ton frère l'enverra par courriel au Futuroscope.

Deutscher Praktikant/Deutsche Praktikantin gesucht!
Der Themenpark *Futuroscope* in Poitiers sucht für die Zeit vom **1. Juli bis 31. August einen deutschsprachigen Praktikanten (m/w).**
Ihr Aufgabenbereich umfasst vor allem die Betreuung von Touristen in unserem Informations-Center und bei Führungen.
Sie sind freundlich, kontaktfreudig und flexibel und können gut organisieren. Außerdem verfügen Sie über gute EDV-Kenntnisse.
Sie können sich gut auf Französisch und Englisch verständlich machen.
Bitte senden Sie Ihre Bewerbungsunterlagen mit einem Bewerbungsschreiben **auf Französisch** per E-Mail an: futuroscope@poitiers.fr

Unité 3
France – Allemagne: quelle histoire!

Ecouter **1**

Un «bâtard de Boche» nous parle.

→ En plus CD, 1 △

6 Tu es chez des amis, en France. Avec eux, tu vas à une soirée du «Club histoire». Ce soir, on a invité un témoin d'époque[1], Monsieur Jean-Jacques Larmond.

TIPP

1. Wenn du mit diesem Dokument das Hörverstehen geübt hast, kannst du mit **demselben Audio-Dokument die Mediationsaufgabe** machen. Das solltest du auf jeden Fall tun, wenn eine solche Form der Klassenarbeit bevorsteht. Die Aufgabe dazu findest du im *En plus*-Teil auf der CD.
2. Ein Tipp für beide Aufgaben: Lies dir zuerst die Infos zu dem Thema im ***Vis-à-vis*-Kasten** durch. Eine Variante des **Info-Textes auf Deutsch** findest du in den Lösungen.

Vis-à-vis

«Bâtards de Boches», c'est ainsi qu'on appelait les enfants qui étaient nés de relations amoureuses entre des jeunes Françaises et des soldats allemands pendant l'Occupation et que les Français appelaient les «Boches», expression péjorative[2] pour parler d'une personne d'origine[3] allemande.
Ces enfants ont aujourd'hui 70 ans et plus, et ils ont presque tous vécu de longues années dans la honte. Souvent, leur propre[4] famille ne les acceptait pas, car ils étaient le symbole de la «faute» de leur mère – mères jeunes dont la plupart ont été arrêtées, condamnées et mises en prison[5]. Mais en Allemagne aussi, il y a des «Franzosenkinder» qui étaient dans la même situation que les enfants de «Boches» en France.

Voici une Française qui a des relations avec un soldat allemand pendant la Deuxième Guerre mondiale (= pratiquer la collaboration sentimentale / horizontale).

A *Lis d'abord ce que tu dois faire. Puis écoute le document. De quoi est-ce que l'invité de la soirée parle surtout? Coche la / les bonne(s) phrase(s).*

Il parle **surtout** …

- ☐ d'une enfance sous l'Occupation.
- ☐ d'une enfance sans père.
- ☐ d'une enfance entre la France et l'Allemagne.
- ☐ d'une enfance heureuse dans l'après-guerre.
- ☐ d'une enfance pleine de secrets.

1 un témoin d'époque ein Zeitzeuge – **2 péjoratif, péjorative** abfällig / abwertend – **3 d'origine …** von … Herkunft – **4 propre** eigen – **5 être arrêté(e), condamné(e) et mis(e) en prison** verhaftet, verurteilt und ins Gefängnis gesteckt werden

B *Vrai ou faux? Ecoute le document encore une fois et coche la bonne réponse.*

	vrai	faux
1. Beaucoup de jeunes s'intéressent au sujet.	☐	☐
2. Il est difficile pour Jean-Jacques Larmond de parler de ce qu'il a vécu à l'époque.	☐	☐
3. Il est né au début de la Deuxième Guerre mondiale.	☐	☐
4. Enfant, il a vécu avec sa mère et sa grand-mère.	☐	☐
5. Quand il avait 12 ans, une famille l'a adopté.	☐	☐
6. Sa mère ne voulait pas lui parler de son père.	☐	☐
7. Ce n'est qu'à l'âge adulte qu'il a tout compris.	☐	☐
8. Sa grand-mère lui a caché les vieilles photos et n'a jamais rien raconté.	☐	☐
9. A l'âge de 14 ans, Jean-Jacques Larmond a découvert quelque chose d'étrange.	☐	☐
10. Le soldat allemand a dû rentrer dans son pays sans voir son fils.	☐	☐
11. Jean-Jacques Larmond a fait un voyage en Allemagne où il a rencontré l'ancien soldat allemand.	☐	☐
12. Il a des frères et sœurs allemands.	☐	☐
13. Sa mère n'a pas rencontré de problèmes après la guerre.	☐	☐
14. En France, il y a entre 10 000 et 20 000 «bâtards de Boches».	☐	☐

C *Complète les phrases suivantes.*
Tu peux écouter le document encore une fois si nécessaire.

1. Aujourd'hui, Jean-Jacques Larmond ne veut pas que …

____

____

____

____

____

2. Il veut que / qu' ______________________________

____

____

____

____

____

Lire

2 Survivre en temps de guerre

→ En plus CD, 2 △

Dans *Paris Rutabaga*, Jean-Louis Besson parle des difficultés de la vie sous l'Occupation. Voici deux extraits du livre. Les Français vivent dans la guerre et sous l'Occupation depuis quelques années déjà …

A *Lis d'abord ce que tu dois faire. Puis lis les deux extraits.*

TIPP

1. Lies den Text im SB S. 36 noch einmal durch, bevor du diese Aufgabe bearbeitest. Auch bei der „echten" Klassenarbeit solltest du über die Lebensbedingungen in Frankreich während der *Occupation* Bescheid wissen!

2. Wenn du mit dem Text noch nicht klar kommst, mach zuerst im *En-plus*-Teil die **leichtere Variante** mit Vokabelangaben. Versuche ein paar Tage später diesen Text hier zu bearbeiten. Wenn du immer noch Schwierigkeiten mit manchen Wörtern und Ausdrücken hast, schlag sie in einem Wörterbuch nach.

Extrait 1

Quelques faux tickets

Le ravitaillement ne s'arrange pas, au contraire. Le pain est toujours aussi sévèrement rationné. Jojo, notre voisin belge du deuxième étage, travaille chez Farman, une usine d'aviation […]. Il nous a rapporté une lettre A en métal, […], le même A que l'on voit sur les cartes d'alimentation de pain, et qu'il a fabriquée en cachette avec ses collègues. A côté des tickets marqués 25 ou 50 grammes, le ticket A a une valeur […] plus importante. Au moins 200 grammes.
Le soir, toute la famille se répartit le travail au mieux de son savoir-faire. C'est Maman qui est la plus habile à gratter, avec une vieille lame de rasoir […], l'inscription 25 grammes. Lorsqu'elle était jeune fille, elle était dessinatrice chez Michelin au service des cartes routières, elle en a gardé le goût du travail précis.
Imprimer le A est de loin l'opération la plus délicate, et c'est mon père qui s'en charge.
Avec de la peinture à l'huile et au vernis, il a reconstitué l'encre d'imprimerie de la bonne couleur. Il a aussi fabriqué un guide en bois pour que le A tombe bien juste là où il faut et ne soit pas de travers au milieu du ticket. […].
Ma sœur Geneviève et moi, nous nous appliquons à faire quelquefois des retouches, avec un crayon de couleur. […]
C'est nous qui allons chez le boulanger avec les tickets modifiés. Nos parents sont d'avis que les enfants ont toujours l'air plus innocents.

Extrait 2

Un avion tombe

Il y a bien longtemps que nous ne descendons plus nous mettre à l'abri dans le métro […]. Avec l'habitude, nous pensons que nous n'avons rien à craindre. Les endroits les plus souvent visés, les usines Renault et Citroën […] sont loin de chez nous. Les bombardements ont presque toujours lieu la nuit. Quelques instants après les sirènes, on entend le ronflement grave et régulier […] en même temps que les premières détonations de la DCA – la défense allemande anti-aérienne. […] Pendant quelques instants, la lumière est aussi blanche que si c'était le jour. Et puis tout le ciel scintille de milliers de papiers d'argent […]. Le lendemain matin, les rues sont couvertes de ces papillotes venues d'Amérique que mes copains et moi courons ramasser.
Une nuit, le spectacle tourne mal. Nous sommes tous les quatre à la fenêtre, mes parents, ma sur et moi. Au milieu des explosions […], un avion est touché. Plusieurs […] flammes descendent […], comme des feuilles mortes. Mon père dit: «Ah! les pauvres types qui sont là-dedans!»
C'est la première fois que je le vois aussi ému. […]

Maintenant, coche la bonne réponse pour chaque extrait.

Extrait 1

Le soir, la famille …

- ☐ fabrique des faux tickets d'alimentation.
- ☐ vend des faux tickets d'alimentation.
- ☐ échange des faux tickets d'alimentation.

Extrait 2

Pendant la nuit, la famille …

- ☐ se met dans les couloirs du métro.
- ☐ regarde la guerre des avions dans le ciel.
- ☐ regarde les feux dans la ville après les bombardements.

B *Vrai ou faux? Lis **l'extrait 1** encore une fois et coche la bonne réponse. Justifie ta réponse: note la / les ligne(s) dans le tableau.*

	vrai	faux	ligne(s)
1. Le pain sera bientôt moins rationné.	☐	☐	
2. Farman est une usine belge.	☐	☐	
3. La lettre A sur une carte d'alimentation permet d'acheter 200 g de pain ou plus.	☐	☐	
4. La mère gratte le nombre 25, elle sait bien faire ce travail.	☐	☐	
5. Le travail du père est le plus difficile.	☐	☐	
6. Il fabrique une encre qui a exactement la bonne couleur.	☐	☐	
7. Le père cache la lettre A à l'aide d'une certaine technique.	☐	☐	
8. Les enfants font des petites corrections avec un crayon.	☐	☐	
9. Ce sont les enfants qui achètent le pain à la boulangerie.	☐	☐	

C *Lis **l'extrait 2** encore une fois. Puis retrouve les phrases qui **correspondent au texte**. Attention, dans la colonne de droite, il y a des parties de phrases fausses.*

1. Jean-Louis et sa famille
2. Les bombardements
3. Les avions
4. Des petits papiers d'argent
5. Une fois, le père et la famille
6. Les pilotes de l'avion

a arrivent quelques instants après les sirènes d'alarme.
b sont dans les rues, le matin.
c tombent du ciel.
d doivent regarder un avion en flammes.
e arrivent aux usines Renault et Citroën.
f pensent qu'il n'y a pas de danger pour eux.
g passent la nuit dans le métro.
h meurent dans les flammes.
i arrivent juste avant l'alarme.
j se passent surtout pendant la nuit.

1. ________ **2.** ________ **3.** ________ **4.** ________ **5.** ________ **6.** ________

Ecrire

3 Un projet franco-allemand

A l'école, vous participez au jumelage Internet «Klasse@Classe» de la maison de Heidelberg. Tu es le / la délégué(e) de classe, tu écris un courriel à votre classe partenaire pour demander si elle veut participer à un projet d'histoire sur les personnes qui se sont engagées dans la Résistance.

Dans ce courriel, tu présentes le projet et les questions que vous vous posez sur le sujet. Essaie de convaincre la 2de A du lycée Jean Moulin d'y participer. Ecris environ 180 mots.

La croix de Lorraine, symbole de la Résistance

Parler

4 Je prépare l'interro orale.

7 **A** *Réponds aux questions sur le CD. (Antworte in den Sprechpausen auf die Fragen, die dir auf der CD gestellt werden. Schau anschließend in den Lösungen nach, wie die Antworten lauten könnten. Wiederhole den Sprechvorgang mit den Lösungen.)*

TIPP

Es ist gut möglich, dass in eurer Klasse nach der Unité 3 eine **mündliche Klassenarbeit** durchgeführt wird. Dafür kannst du mit dieser Aufgabe üben, und auch in der *Interro orale* in dieser Unité kannst du prüfen, ob du fit für eine mündliche Prüfung bist (S. 42).
Im **A**-Teil werden dir 1-2 Fragen zum „Aufwärmen" gestellt, auf die du spontan reagieren musst. Im **B**-Teil übst du den Monolog, danach sollst du im **C**-Teil mit einem/r Partner(in) etwas ausführlicher diskutieren.

8 **B** *Regarde la photo du petit livre à droite. Parle de son titre et explique-le dans son contexte historique. (Übe zunächst alleine. Schau anschließend in den Lösungen nach, wie der Monolog verlaufen könnte. Auf der CD findest du den Lösungsvorschlag sowie das Skript mit Pausen zum Nachsprechen.)*

Nützliches Wort: ***ein Führer*** *un guide.*

9 **C** *Avec un(e) partenaire, faites la discussion. Echangez vos arguments. A la fin, essayez de trouver un accord.*

Imaginez la situation suivante: un copain / une copine français(e) est en Allemagne. Il / Elle voit le nombre de poubelles dans une rue et se moque des «Allemands qui sont écolos à l'extrême» (... und macht sich über die Deutschen lustig, die übertriebene „Ökos" sind). Voici quelques mots dont vous avez besoin pour la discussion.

un(e) écolo(giste) ein(e) Öko(loge) / Öko(login)	**discipliné(e)** diszipliniert
la discipline die Disziplin	**les déchets** *(m.,pl.)* der Müll
	trier les déchets Müll trennen

TIPP

In den Lösungen findet ihr Vorschläge für Argumente in deutscher Sprache und führt mit deren Hilfe die Diskussion auf Französisch. Hört euch **hinterher** auf der CD an, wie ein Beispiel-Dialog verlaufen könnte und sprecht ihn nach.

En forme

5 Décisions difficiles … (G 11, 12)

A *Prépare les parties **B** et **C**: complète les formes du verbe **réfléchir** qui manquent dans le tableau.*

TIPP

In den folgenden Aufgaben geht es um den *Subjonctif*. Zunächst solltest du dir die **Formenbildung** klarmachen, dann den **Gebrauch**. Wenn du beides schon gut beherrschst, gehe gleich zu Aufgabe 6.

Indicatif Présent:	ils / elles ______	→ **Subjonctif:**	que je ______ que tu ______ qu'il ______ qu'ils ______
Imparfait:	nous ______	→ **Subjonctif:**	que nous ______ que vous ______

La famille Verdier a un problème: il faut prendre des décisions difficiles. Il y a beaucoup d'arguments. Les enfants se disputent – les parents sont énervés …

B *Lis et complète ce qu'ils disent.*

– Je veux que vous (arrêter) ______ cette dispute!

Il faut que nous (discuter) ______ calmement[1]

et qu'on (prendre) ______ la bonne décision!

– Maman, il faut que tu (dire) ______ quelque chose!

– Mais voyons, il faut que je (réfléchir) ______ …

… alors écoutez, je veux que vous (comprendre) ______ mes arguments,

et je voudrais que vous (voir) ______ aussi les conséquences[2] de vos actes[3] …

Il faut que nous, papa et moi, (penser) ______ à l'avenir[4]!

– Papa, toi, tu ne proposes jamais rien, comme toujours!

– Ecoute, Paul, ne parle pas comme ça avec moi! … Alors, je te propose quelque chose:

il faut que tu (avoir) ______ des meilleures notes à l'école!

---

1 calmement *(adv.)* ruhig – **2 une conséquence** eine Konsequenz / Auswirkung – **3 un acte** *hier:* eine Tat – **4 l'avenir** *(m.)* die Zukunft →

Voilà, la discussion dans la famille Verdier continue …

C *Lis ce que Madame Verdier dit par la suite. Complète ses phrases avec les bonnes formes des verbes irréguliers* ***au subjonctif****. La couleur te montre quel verbe tu dois utiliser.*

aller · savoir · pouvoir · faire · avoir · être · vouloir

– Ça m'énerve que tu __________ toujours des bêtises, Paul! Quant à[1] votre séjour en Angleterre, Paul et Philippe, il est important que ce ne __________ pas trop cher. J'aimerais que vous __________ que ce n'est peut-être pas possible d'y aller. Donc, je voudrais que vous __________ comprendre, d'accord? Il faut absolument que j'__________ à la banque demain, j'en parlerai et on verra bien. Bon, finissons notre discussion! Je suis heureuse que Paul __________ mieux se comporter[2] à l'avenir … et je sais très bien qu'il est nécessaire que nous __________ plus de temps ensemble …

En forme

6 On en a marre de la guerre! (G 8, 9)

La guerre dure déjà depuis quelques mois, les gens en ont marre. Dans un bistro à Paris, ils discutent.

Relie les expressions de gauche avec les éléments de droite qui conviennent. Puis forme des phrases ***aux modes*** *qu'il faut* ***(subjonctif ou indicatif)*** *et écris-les dans ton cahier. Attention: plusieurs solutions peuvent être correctes.*

TIPP

Denke daran: Ein Auslöser im Hauptsatz ⟶ automatisch ***Subjonctif*** **im Verb des Nebensatzes mit** ***que***. Ohne Auslöser kein *Subjonctif*! Es ist wie im Straßenverkehr: Wenn du eine rote Ampel siehst, musst du anhalten, ohne lange zu überlegen. Bei Grün gehst du einfach weiter. Versuche, auch den *Subjonctif* so gut zu üben, dass du es automatisch, also ohne Nachdenken, richtig machst.

Il est temps que …	mon fils / revenir
Il faut vraiment que …	la guerre / finir
Il ne faut pas que …	mes enfants / avoir assez à manger
Je voudrais que …	nous / perdre tout espoir
Les journalistes sont d'avis que …	nous / nous faire des illusions
A la radio, on a peur que …	le bon Dieu / nous aider
Espérons que …	la guerre / être bientôt gagnée
Je suis sûr(e) que …	ces soldats / disparaître
Je suis content(e) que …	mon mari / m'écrire régulièrement
Il est normal que …	nous / vouloir vivre en paix

1 **quant à …** was … betrifft – 2 **se comporter** sich benehmen

En forme

7 Etre surveillant, c'est galère! (G 13, 14)

Lucas est dans la cour du lycée. C'est la récré, et c'est son premier jour de travail comme surveillant. Et voilà déjà deux garçons qui se battent. Lucas arrive …

Lis la discussion, puis complète-la avec les bonnes formes des verbes ***(se) battre****,* ***vaincre*** *ou* ***convaincre****.*
Mets ***les pronoms réfléchis*** *où il le faut et fais attention aux temps corrects.*

Lucas: Eh, pourquoi est-ce que vous ________ **b** ________ ?

Garçon 1: C'est lui qui a commencé! Il ________ **b** ________ toujours,

il ________ a **b** ________ en premier. Mais il ne m'a pas **v** ________ ,

il ne me **v** ________ *(futur s.)* jamais!

Garçon 2: Mais non, nous ne ________ **b** ________ pas,

je ne le **b** ________ pas, il est mon copain. Je le **c** ________ avec des arguments …

Lucas: Et moi, je suis **c** ________ du contraire, j'ai bien vu que tu le

b ________ *(imp.)*. Pourquoi est-ce que vous ne ________ **c** ________

pas avec des mots? Venez avec moi, vous allez essayer de **c** ________

votre professeur principal …

En forme

8 Que des questions! (G 15)

A *Regarde bien le schéma, puis couvre-le et remplis le tableau à la page suivante.*
(Sieh dir das Schema genau an, dann decke es zu und bearbeite die Tabelle auf der nächsten Seite.)

TIPP

Mach dir mithilfe der folgenden Übung (**A**) noch einmal die verschiedenen Frageformen klar, bevor du mit der eigentlichen Aufgabe (**B**) beginnst.

	Person oder Sache?		Subjekt oder Objekt?		
Person →	**Qui**		**qui/ que**	← **Subjekt/ dir. Objekt**	(Wer oder was?/ Wen oder was?)
		est-ce			
Sache →	**Qu'**		**qui/ que**	← **Subjekt/ dir. Objekt**	(Wer oder was?/ Wen oder was?)

→

En cours de français, la prof pose beaucoup de questions. D'abord, elle les pose en allemand et après, elle les écrit au tableau en français et les explique.

*Prends le rôle de la prof: coche dans le tableau la bonne **catégorie** et complète **les questions françaises**.*

Fragen auf Deutsch	Sache	Person	Subjekt	Objekt	Questions en français
Wer hat die Übung verstanden?					____ a compris l'exercice?
Was schreibst du, Pierre?					____ tu écris, Pierre?
Wer hilft dir, Lucas?					____ t'aide, Lucas?
Wer hat das gemacht?					____ a fait ça?
Was schlagt ihr vor?					____ vous proposez?
Wer hat eine Idee?					____ a une idée?
Was hat Mme Balard gesagt?					____ Mme Balard a dit?
Wen hast du gesehen?					____ tu as vu?
Wer kann Marion helfen?					____ peut aider Marion?
Was interessiert euch?					____ vous intéresse?
Was wollt ihr lieber, ein Spiel oder einen Film?					____ vous préférez, un jeu ou un film?
Wen kann ich an die Tafel bitten?					____ je peux faire venir au tableau?

Les élèves aussi ont beaucoup de questions … et la prof ne sait pas toujours répondre!

B *Lis d'abord **les réponses** de la prof, puis complète les **questions des élèves**.*

Les questions des élèves

– Madame, ____ on mange à la cantine aujoud'hui?

– ____ vous plaît dans notre classe?

– Et ____ vous n'aimez pas?

– Parmi les élèves, ____ vous préférez, madame?

– Mais ____ est le meilleur élève?

– ____ vous faites ce soir, après l'école, madame?

Les réponses de la prof

– Euh, je ne sais pas, du poisson peut-être.

– Tout, vous êtes un groupe sympa.

– Vous laissez tout tomber par terre, vous n'utilisez pas la poubelle. Je déteste cela.

– Alors là, je ne peux pas vous répondre, je ne préfère personne.

– Je ne sais pas, quelques uns sont bons en SVT, d'autres en langues.

– Ben, je prépare votre interro.

– Dans votre famille, ______ fait la cuisine?	– Vous êtes curieux, les enfants … Mon mari et moi, on prépare les repas ensemble.
– Et ______ range la cuisine après?	– Euh … là, parfois on discute un peu …
– ______ vous intéresse comme sport?	– Le tennis m'intéresse beaucoup, et la danse aussi.
– Parmi les stars de télé, ______ vous connaissez?	– Oh, désolée, je ne connais sûrement pas les mêmes que vous.

Jeu de mots

9 Les temps ont changé.

→ En plus CD, 3 △

C'est la première soirée de l'échange entre le *Konrad-Adenauer-Gymnasium* et le *lycée des Billaux*. Le directeur du lycée parle aux profs et aux parents.

Lis le discours de bienvenue du directeur et complète-le avec les mots qui manquent et ***qui vont avec le contexte****. Les* ***lettres initiales*** *vont t'aider.*

TIPP

Für die mündliche Klassenarbeit, die es in dieser Lektion gibt, solltest du unbedingt das Fachwissen, aber auch das Vokabular zum Thema „Relations franco-allemandes" beherrschen. (Natürlich auch für eine schriftliche Arbeit …) Die Vokabeln lernen sich leichter in **gegensätzlichen Begriffen**, wie es in dieser Aufgabe geübt wird.

– Chers parents, chers collègues,

Quel bonheur[1] d'être ensemble entre Français et Allemands et de mettre ensemble les jeunes de nos deux pays. Nous vivons dans une période de **p** ______, mais l'histoire a connu aussi des périodes de **g** ______ dans lesquelles[2] nos grands-pères n'étaient pas des amis, ils étaient des **e** ______. Les deux pays ne **c** ______ pas comme aujourd'hui, ils se sont **b** ______ sur les **c** ______ de **b** ______. La vie n'était pas facile, ni[3] à l'âge **a** ______ ni pendant l'**a** ______. Nous sommes vraiment contents de la **r** ______ que le **p** ______ de la **R** ______ de France, Charles de Gaulle, et le **c** ______ allemand, Konrad Adenauer, ont réalisée en 1963. Mais je ne veux pas trop vous parler, mesdames et messieurs, allons prendre un verre ensemble, il y a du vin[4] français et de la bière[5] allemande …

---

1 le bonheur das Glück – **2 lequel / laquelle / lesquels / lesquelles** welcher / welche / welches *(Relativpron.)* – **3 ne … ni … ni …** weder … noch – **4 un vin** ein Wein – **5 une bière** ein Bier

Interro orale

L'interro orale se passe avec un(e) partenaire.
Vous avez environ 18 minutes.
Elle se déroule en trois parties:
- un entretien dirigé,
- un échange d'informations sous forme de monologue et
- une discussion.

1. Die Arbeitsanweisungen findest du **auf Deutsch** in den **Lösungen** und viele weitere nützliche Informationen zur mündlichen Klassenarbeit.
2. Die Aufgabenstellungen auf dieser Seite sind für dich, **die auf S. 43 für deine(n) Partner(in).**

Partie A, entretien dirigé: Une personne (à l'école, c'est le / la professeur[e]) vous pose deux ou trois «questions brise-glace» pour commencer. Vous répondez spontanément.

Partie B, monologue: Chaque partenaire reçoit une photo. Vous regardez et décrivez la photo que vous avez tirée au sort. Vous parlez librement.

Partie C, discussion: Tu discutes avec ton / ta partenaire. Vous avez 10 minutes de préparation. Vous pouvez prendre des notes que vous pouvez utiliser comme aide-mémoire pendant l'interro. Pensez à parler le plus librement possible.

Partie A: Interview (questions brise-glace)

Durée: 1–2 min

10 *Ecoute le CD et réponds aux questions de la personne dans les pauses.*

Partie B: Une photo qui parle de l'histoire. (monologue)

Durée: 2 min

11 *Regarde la photo à droite. Décris-la et explique-la dans son contexte historique.*

Partie C: Une rencontre (discussion)

Durée: environ 5 min

12 *Imaginez la situation suivante et choisissez vos rôles.*

Dans le train entre Cologne et Paris, tu rencontres un vieux monsieur qui commence une discussion avec toi. C'est un Français qui a connu la guerre.
Il a été soldat en Allemagne quand il était jeune. Il ne comprend pas (ou plus) l'allemand.
Il est content que pour les jeunes en Europe, la vie soit plus facile que la sienne (als sein Leben).
Tu trouves que ce monsieur est sympa, tu es poli(e) avec lui. Vous discutez de l'histoire franco-allemande, des langues étrangères et / ou des clichés qui existent entre Français et Allemands.

Interro orale, version partenaire

Damit du und dein(e) Partner(in) die Diskussion in der **Partie C** führen könnt, ist es hilfreich, wenn die Hörverstehensübung auf S. 32 bearbeitet wurde. Ihr könnt auch den Hörtext auf der CD zuerst noch einmal lesen.

Partie A: Interview (questions brise-glace)

Durée: 1–2 min

13 *Ecoute le CD et réponds aux questions de la personne dans les pauses.*

Partie B: Parlons télé … (monologue)

Durée: 2 min

14 *Regarde les images. Décris-les et explique-les.*

Partie C: Un enfant pas comme les autres … (discussion)

Durée: environ 5 min

15 *Imaginez la situation suivante et choisissez vos rôles.*

Toi, tu es un(e) jeune Français(e) qui va chez sa / son corres allemand(e) à Stuttgart.
Tu es dans le TGV de Paris à Stuttgart où tu veux passer le week-end chez elle / chez lui.
Dans le train, tu rencontres un vieux monsieur qui commence à te parler.
C'est un Allemand qui est né en France, en 1942, et qui y a passé toute son enfance.
Il comprend et parle très bien le français.
Sa vie, c'est l'histoire d'un «bâtard de Boche», un de ces enfants dont on ne voulait pas, qu'on a cachés, qui étaient la honte de leur mère et de leur famille parce qu'ils étaient nés d'une mère française et d'un père allemand, soldat pendant la Deuxième Guerre mondiale.
Tu trouves que ce monsieur est sympa, tu es poli(e) avec lui. Vous discutez de l'Occupation, de sa mère, de sa famille et tu voudrais savoir comment il a découvert le secret: ne pas être un enfant français comme les autres …

Module 1

France aller – retour

Ecouter **1**

La cuisine africaine à Paris

→ En plus CD, 1

16 Voici une émission de radio sur un quartier de Paris: *Château Rouge.*

Lis ce que tu dois faire.
Puis écoute le document deux fois.
Fais une pause entre les écoutes.

TIPP

1. Im *En-plus*-Teil findest du eine Zusatzaufgabe zu diesem Hördokument; **schau dir vorher die Bilder dazu an**, um dir das Verständnis zu erleichtern.
2. Informiere dich im Internet über das Viertel *Château-Rouge* in Paris und suche Bilder und Filme dazu. Du wirst interessante Dinge entdecken.

A *Coche la / les bonne(s) phrase(s).*

La dame qui parle, Dominique, …

- est à la recherche de produits africains à Paris. ☐
- vend des produits africains à Paris. ☐
- est contente de pouvoir trouver des produits africains à Paris. ☐
- est une touriste qui aime les marchés africains à Paris. ☐
- fait elle-même de la cuisine africaine. ☐

B *Vrai ou faux? Coche la bonne réponse.*

	vrai	faux
1. Dominique, c'est le nom de la journaliste qui fait le reportage sur *Château Rouge*.	☐	☐
2. Pour elle, «ici», c'est Paris, et «là-bas», c'est Brazzaville, en Afrique.	☐	☐
3. Elle va dans le quartier de *Château Rouge* parce que ça lui fait penser aux repas africains.	☐	☐
4. Le dimanche, tous les cousins venaient à la maison.	☐	☐
5. Elle fait du saka, mais elle ne sait pas le préparer comme sa mère.	☐	☐
6. Le saka est un mélange de beaucoup de choses.	☐	☐
7. A *Château-Rouge*, on trouve presque tous les produits nécessaires pour les plats africains.	☐	☐
8. La plupart des plats africains sont faits pour un assez grand nombre de personnes.	☐	☐
9. Avant de venir à *Château-Rouge*, Dominique n'avait jamais entendu parler de ce quartier.	☐	☐
10. A la fin de l'interview, elle a fini de faire ses courses.	☐	☐

C *Complète la phrase suivante.*

«J'étais ______________________ parce que je ne pensais pas que je trouverais ______________________ ______________________ africains ici, ______________________, en plein Paris quoi! […]»

Lire

2 Messages du Sénégal

Dans le roman *Le cœur n'est pas un genou que l'on peut plier*, M. Bocoum veut marier sa fille Awa au fils de son cousin, au Sénégal.
Voici un extrait du livre. Awa et sa copine Agathe sont devant l'ordinateur.
Agathe a pris contact avec le futur époux d'Awa, Malick …

INFO

Für die Bearbeitung dieser Aufgabe ist es hilfreich, die Geschichte von Awa und die Personen aus dem Buch zu kennen. Lies dir deshalb am besten vorher noch einmal die Texte auf den Seiten 55–57 im Schülerbuch durch.

A *Lis d'abord ce que tu dois faire, puis le texte. (Erschließe alle Wörter mit *. Du kannst die Wortliste in den Lösungen zu Hilfe nehmen, wenn du den Text sonst noch nicht verstehst.)*

– T'as entendu ? Il y a un message.

Bonjour Agathe, je ne sais pas qui tu es, sinon une jolie rousse[1].
J'ai reçu un message d'Awa envoyé depuis ton profil*.
Je voudrais lui répondre quelque chose de personnel* et je ne la trouve pas dans tes amis. Aurais-tu la gentillesse* de m'envoyer son adresse mail?
Merci. A plus. Malick.

Agathe tapa à toute vitesse* la réponse […]. Un instant plus tard, un message apparut[2] […].

De: malickzeboss@gmail.com
A: Awa.bocoum@gmail.com

Salut Cousine,
Je ne sais pas si c'est comme ça que je dois t'appeler. […] Ça m'a fait un drôle d'effet* de recevoir un mail de toi; mais ce qui me surprend* le plus, c'est que je ne te retrouve pas sur Facebook. Note, tu as peut-être un pseudo*.
Mais sinon, qu'on puisse […] rester anonyme sur la toile[3], je trouve ça fou.
[…]
Bonjour à toi et à ta copine.

Les deux filles se regardèrent. […] Puis Agathe alla vérifier dans le miroir[4] […] à quoi ressemblait une jolie rousse. Quand elle revint, Awa lisait le message suivant:

De: malickzeboss@gmail.com
A: Awa.bocoum@gmail.com

[…] C'est calme à l'Hippo[5] cet après-midi, on va même avoir le temps de préparer le thé. Donc je reprends*.
[…] Moi non plus, je ne suis pas très emballé[6] à l'idée d'un mariage. Mais il faut que tu aies une idée de comment ça se goupille[7] ici.
Mon père est candidat* aux élections municipales[8] et ça ne se présente pas bien; il n'y a toujours pas de financement* pour le poste d'instituteur[9] […] de l'école du village.
Et tout le monde attend ce mariage depuis quinze ans. Si ça ne se fait pas, il va perdre la face*.
Je ne sais pas trop comment on va pouvoir s'arranger. […]
Je suis tout le temps connecté*, […] donc on peut rester in teutch.

– *In teutch?* demanda Agathe. Qu'est-ce que ça veut dire?
– C'est de l'anglais […]. *In touch*, ça veut dire: en contact. C'est pas seulement un geek. C'est un flambeur[10].

Le cœur n'est pas un genou que l'on peut plier, de Pauline Penot et Sabine Panet © Editions Thierry Magnier, 2012.

---

1 une rousse ein Rotschopf *(rothaariges Mädchen)* – **2 apparaître** erscheinen – **3 la toile** das Netz, *hier:* das Internet – **4 un miroir** ein Spiegel – **5 Hippo** *Internetcafé, in dem Malick arbeitet und den Tag verbringt* – **6 être emballé(e)** begeistert sein – **7 comment ça se goupille** *ici:* wie das hier läuft – **8 les élections** *(f., pl.)* **municipales** die Kommunalwahlen – **9 un instituteur, une institutrice** ein(e) Grundschullehrer(in) – **10 un flambeur** *ein Spieler, der hohe Einsätze wagt*

→

Maintenant, coche la bonne réponse.

Malick échange des courriels avec Agathe. Il promet d'aider Awa dans sa situation difficile.	☐
Malick est dans un cybercafé. Les deux copines ont rendez-vous avec lui sur Skype.	☐
Malick échange des courriels avec Awa. Il lui explique la situation de son père.	☐

B *Vrai ou faux? Lis encore une fois le texte et coche la bonne réponse.*
Justifie ta réponse: note la / les ligne(s) dans le tableau.

	vrai	faux	ligne(s)
1. Agathe a envoyé un message à Malick au nom d'Awa.	☐	☐	
2. Malick demande l'adresse e-mail d'Agathe.	☐	☐	
3. Il parle à Awa comme si elle était déjà sa femme.	☐	☐	
4. Il est surpris de ne pas pouvoir trouver Awa sur Internet.	☐	☐	
5. Agathe quitte l'ordinateur pour quelques instants.	☐	☐	
6. Elle va préparer un thé.	☐	☐	
7. Malick n'aime pas trop le projet de mariage de son père.	☐	☐	
8. Dans son village, il y a eu des élections.	☐	☐	
9. L'instituteur s'est présenté aux élections municipales.	☐	☐	
10. Le projet de mariage joue un rôle dans la politique du village.	☐	☐	
11. Malick ne veut plus rester en contact avec les deux filles.	☐	☐	

Ecrire

3 Des proverbes

En cours de français, vous parlez de proverbes français. Chaque élève a choisi deux ou trois proverbes à expliquer à l'aide d'exemples, devant la classe. Tu prépares ton explication et les exemples par écrit.

Lis les proverbes et note l'équivalent allemand
(… die deutsche Entsprechung).
Puis choisis-en ***deux****.*
Explique-les à l'aide d'exemples.
Ecris 160 – 180 mots au total (insgesamt).

1. Quand le chat n'est pas là, les souris dansent.
2. Donner, c'est donner; reprendre, c'est voler.
3. Après la pluie, le beau temps.

Médiation

4 Ein Reisebericht

Versetze dich in folgende Situation: Deine Mutter hat berufliche Kontakte in Afrika. Da du gerade im Französischunterricht mit dem Module 1 arbeitest, hat sie dir vorgeschlagen, mit Rama, der Tochter ihres Projektpartners im Senegal, E-Mails auf Französisch auszutauschen. Der folgende Reisebericht scheint dir sehr interessant für euren Gedankenaustausch, deshalb schreibst du Rama eine E-Mail, in der du kurz sagst, was du über ihr Land erfahren hast. Dich beeindruckt besonders die alte Kultur der Gastfreundschaft[1], dazu möchtest du ihr später Fragen stellen.

Schreibe die E-Mail an Rama auf ein extra Blatt oder ins Heft.

Lernen von uralten Kulturen

Senegal und Mali haben etwas zu bieten, was es in keinem Reisebüro zu kaufen gibt: Menschen, die Gastfreundschaft beim Wort nehmen.

Von Gundula Stoll

[…] Von Ende des 19. Jahrhunderts an importierte […] die französische Kolonialmacht ihre* Kultur und Sprache, exportierte Rohstoffe und Reichtümer. Zu Beginn der 60er Jahre erhielten die meisten Länder Westafrikas ihre Unabhängigkeit. […] Um so überwältigender sind die Gastfreundschaft und Offenheit der Menschen, die jeder erleben kann, der eine andere Perspektive einnimmt […]: Bereit, von den Menschen und uralten Kulturen zu lernen, […] mit Neugierde auf alles, was anders ist.
In der Tasche ein Zettel: „Cheikh Abdalaye Ba, Pikine, Dakar" steht darauf. Das genügt. Die Menschen lächeln freundlich und weisen mir den Weg zu seinem Haus. Jeder in diesem Viertel kennt ihn, den berühmten Marabou und Arzt. Marabous sind die religiösen Oberhäupter in Senegal, einem Land, in dem 92 Prozent der Bevölkerung Moslems[2] sind.
Sein Haus, ein zweistöckiger Lehmbau, wird fast von den Nachbargebäuden erdrückt. […] „Khadim, Ihr Neffe hat mich eingeladen", erkläre ich auf Französisch. Über meinen unverhofften Besuch scheint sich niemand zu wundern. […] Ein junger Mann zeigt mir eine winzige, fensterlose Kammer neben der Freiluftküche.
„Das ist mein Zimmer", sagt er. „Hier wirst Du wohnen, solange Du willst."
Er könne in dem großen Gemeinschaftsraum ohnehin besser schlafen, versichert er mit einem breiten Lächeln. Cheikh Abdalaye Ba hat – wie es der Prophet erlaubte – vier Frauen, etwa 20 Kinder und noch mehr Enkelkinder. […] In diesen Tagen wartet die ganze Familie auf das Ende des Fastenmonats Ramadan […] (auf) das große Fest des Fastenbrechens[3] am nächsten Tag.
Kurz nach Mittag beginnt die größte Essenschlacht des Jahres. Auf dem Boden der großen Stube sitzen sechs bis acht Kinder und Erwachsene vor großen Metallschüsseln und kneten mit ihren Händen geschickt kleine Bällchen, bevor sie die Speisen zum Mund führen – Männer und Frauen strikt getrennt.
Nur bei mir, der „Toubab" – eine Art Kose- oder Schimpfname für Weiße, je nach Freundschaftsgrad – wollen die Herren im Haus eine Ausnahme machen. Am Ende muss ich an allen acht Schüsseln einige Minuten sitzen und essen. „Du musst mehr essen, Du bist viel zu dünn", sagt Yassin, die erste und damit wichtigste Frau im Haus. „So wie Du aussiehst, findest Du nie einen Mann." […]

* **ihre:** *hier ist die Sprache und Kultur der weißen Zivilisation gemeint* – **1 die Gastfreundschaft** l'hospitalité *(f.)* – **2 Moslems** des musulmans *(m., pl.)* – **3 das Ende des Ramadan, das große Fest des Fastenbrechens** la fête de la fin du Ramadan *(Aïd al-Fitr)*

Parler

5 Parle-moi de ton pays.

17

Tu es Leonie. Ta nouvelle corres sénégalaise, Rama, est très sympa et vous avez beaucoup de choses à vous dire. Vous avez donc commencé à vous retrouver sur Skype pour vous parler de vive voix[1]. Mais aujourd'hui, Boury, la petite sœur de Rama, t'a vu(e) sur l'écran[2]. Elle est très curieuse et veut absolument te poser des questions …

Ecoute les questions de Rama et de Boury et réponds-y.

TIPP

Gehe am besten in zwei Etappen vor: Zunächst versuchst du selbst, auf die Fragen zu antworten (in den Sprechpausen), dann liest du die Antwortvorschläge in der Lösung und sprichst sie nach.

En forme

6 Une visite guidée (G 16)

Un jeune guide fait la visite de la ville.

Lis ce qu'il dit aux touristes. Complète les phrases avec les bonnes formes du verbe ***suivre*** *ou* ***être*** *et* ***le nom*** *qui manque. Attention: pour les verbes, mets aussi le mode qu'il faut:* ***indicatif*** *ou* ***subjonctif*** *ou* ***impératif*** *ou* ***gérondif****.*

TIPP

Vorsicht beim Verb *suivre*! Achte darauf, dass du es nicht mit einem anderen Verb und einem Nomen verwechselst (⟶ je suis, la suite).

– Bonjour, mesdames et messieurs, je ____________

Dany et je vous souhaite la bienvenue[3] dans notre belle ville!

Pour la visite, je *ne (fut. s.)* ____________ pas

la route de tous les touristes, donc pour ne pas vous perdre:

____________ le guide. … Est-ce que vous *(p. c.)*

____________ la série *Les voisins* à la télé?

La série a été tournée dans ce quartier. Voulez-vous que nous ____________ la rue où

«les voisins» de la série habitent? D'accord, ____________-moi jusqu'au coin.

Moi, ____________ tous les épisodes[4], je ____________ devenu un vrai fan de

la série, et je peux vous dire que la ____________ va aussi être tournée dans notre ville. …

Nous voilà dans la rue principale. Oh, attendons, la dame ne ____________ pas, elle regarde la boutique.

Je vous prie de ____________ mon conseil, faites votre shopping après, ici, c'est trop cher …

---

1 parler de vive voix avec qn mit jdm. persönlich sprechen – **2 un écran** ein Bildschirm – **3 souhaiter la bienvenue à qn** jdn. herzlich willkommen heißen – **4 une épisode** *hier:* eine Folge

En forme

7 Le départ (G 18)

La famille Zackho vit au Sénégal, dans un village sur la côte Atlantique. Ils sont pêcheurs[1] depuis toujours.

*Lis d'abord les phrases. Pour chaque verbe **en bleu**, coche «oui» ou «non» si **le gérondif** est possible ou pas.*
*Transforme ensuite les verbes et les phrases **où c'est possible**.*

TIPP

Denk an die zwei Voraussetzungen für das *Gérondif*, die **beide** erfüllt sein müssen:
- Gleichzeitigkeit,
- gleiches Subjekt.

	Gérondif oui	Gérondif non
Le père **pouvait** bien gagner sa vie: il y avait toujours assez de poisson.	☐	☐
Mais aujourd'hui, son fils **rentre** souvent sans poisson.	☐	☐
Il veut trouver une nouvelle chance, il **part** en Europe.	☐	☐
Toute la famille l'aide et **donne** de l'argent pour le voyage.	☐	☐
Il **paie** d'abord une grosse somme au propriétaire d'un petit bateau, puis il part.	☐	☐
La famille espère qu'il l'aidera aussi: il **enverra** de l'argent.	☐	☐
Quand il **arrive**, il comprend que la France est un pays très différent du Sénégal.	☐	☐
Il **cherche** du travail, mais on n'a pas besoin de lui, il ne trouve rien.	☐	☐
Quand il **pense** à sa famille, il est de plus en plus[2] triste.	☐	☐
Un jour, il **se promène** dans la rue et il rencontre un monsieur qui cherche un ouvrier[3].	☐	☐
Il se dit: – Je vais **travailler** pour ce monsieur, je vais enfin gagner de l'argent.	☐	☐
Il **travaille** beaucoup, mais à la fin du mois, le monsieur ne lui donne rien.	☐	☐
Il est encore plus triste. **Rentrer** au Sénégal n'est pas possible.	☐	☐
S'il **reste** en France, il réussira peut-être à trouver une solution?	☐	☐

1 un pêcheur ein Fischer – **2 de plus en plus (triste)** *hier:* immer (trauriger)– **3 un ouvrier, une ouvrière** ein(e) Arbeiter(in)

En forme

8 Un mariage bling-bling[1] (G 19)

→ En plus CD, 2 △

Le footballeur Olivier Kapo épouse la Miss Sénégal Paris.

*Lis les phrases, puis mets-les à **la voix passive**. Attention à l'accord!*

TIPP

Achte darauf, dass du das Subjekt des Aktivsatzes im Passivsatz mit ***par*** anschließt, **wo es nötig ist**!

1. Vanessa Raphaela Edorh, la Miss Sénégal Paris de 2011, est une femme heureuse. Le footballeur Olivier Kapo vient de l'épouser.

2. Le mari a donné une dot[2] de 25 millions de Francs CFA[3] à la jeune épouse.

3. Un ami a arrangé le premier rendez-vous des deux amoureux.

4. Quatre ans plus tard, à la même date, on a fait le mariage.

5. Les deux amoureux voulaient un mariage moderne, mais ils voulaient aussi qu'on respecte leurs traditions.

6. Une entreprise professionnelle a organisé la fête du mariage.

7. On a acheté des billets d'avion pour faire venir les familles africaines.

8. L'équipe a organisé une réception[4] dans une grande villa de luxe.

9. Le footballeur a réservé cette villa juste pour le mariage.

10. Une équipe de 20 cuisiniers a préparé le repas.

11. Olivier Kapo achètera une autre grande villa pour la vie du couple[5].

12. Dommage, on ne nous a pas invités …

13. Mais si vous voulez en savoir plus sur la vie des stars, on publiera une vidéo sur Internet.

---

1 bling-bling protzig / neureich – **2 une dot** eine Mitgift – **3 FCFA** CFA-Franc *(gemeinsame Währung mehrerer afrikanischer Staaten)* – **4 une réception** ein Empfang – **5 un couple** ein (Ehe-)Paar

Interro

Ecouter

1 Une prof qui s'engage.

18

Sur Internet, tu as trouvé une interview qui t'intéresse parce qu'une personne parle d'un sujet important qui concerne[1] beaucoup de femmes africaines.

Lis ce que tu dois faire.
Puis écoute le document deux fois.
Fais une pause entre les écoutes.

A *Coche **tous les mots-clés** que tu as compris en écoutant le document.*

parole d'honneur	☐	alphabétisation	☐
obligation	☐	proverbes	☐
femmes sénégalaises	☐	mariage traditionnel	☐

B *Vrai ou faux? Coche la bonne réponse.*

	vrai	faux
1. Alima donne des cours d'alphabétisation qu'elle organise elle-même au Sénégal.	☐	☐
2. Pendant une partie de l'année, elle habite dans la région de Fouta, chez son frère.	☐	☐
3. Alima est Française, elle est d'origine sénégalaise.	☐	☐
4. Elle fait son travail de bénévole pour la troisième fois.	☐	☐
5. Au Sénégal, beaucoup d'enfants ne savent pas lire et écrire.	☐	☐
6. Avec les techniques modernes, le besoin de savoir lire est moins grand qu'avant.	☐	☐
7. Alima écrit souvent des courriels à sa nièce.	☐	☐
8. C'est surtout aux femmes qu'Internet ouvre un monde nouveau.	☐	☐
9. Il y a aussi un cours où l'on apprend à compter.	☐	☐
10. Dans le cours d'Alima, il y a des hommes qui sont déjà assez vieux.	☐	☐
11. Alima donne ses cours comme dans son collège à Lyon.	☐	☐
12. On chante, on raconte des histoires, on apprend des proverbes français.	☐	☐

C *Complète le proverbe «Qui parle, sème. Qui écoute, récolte.» („Wer spricht, sät. Wer zuhört, erntet".)*

Alima et ses collègues ont inventé une suite au proverbe qu'elle écrit au tableau:

Qui ______________________. Qui ______________________.

1 **concerner** betreffen

Lire

2 Une lettre

Voici un extrait du roman *Un papillon dans la cité (Ein Schmetterling in der Stadt).*

A *Lis d'abord ce que tu dois faire, puis les textes.*

Félicie, une jeune fille de dix ans, vit en Guadeloupe avec sa grand-mère, Man Ya. Elle sait que, quand elle était toute petite, sa mère Aurélie est partie un jour en France, sur un grand bateau blanc.
Depuis, Félicie et sa grand-mère n'avaient plus de contact avec elle.
Un jour, une lettre arrive …

– Félicie!!! Où es-tu, ma fi? Féfé[1]!!!
C'est après le déjeuner qu'elle m'a demandé d'aller lui chercher la lettre.
– Ouvé-Y[2]! Ne nous cachons plus. Sa ki la pou-w, larivyè pa ka chayè-y …[3]
– Oui, Man Ya.
– Lis d'abord tout ce qui est marqué sur l'enveloppe* […].
Man Ya ne sait pas lire. […] Je n'avais même pas besoin de la regarder pour savoir qu'elle s'était mise à rouler entre ses doigts un coin de son tablier[4].
– C'est écrit: mademoiselle Félicie Benjamin. Route de l'Ermitage. Haute-Terre. Guadeloupe.
Man Ya a poussé un soupir désolé[5] et, de la main, m'a encouragée à poursuivre.

La Cité, le 3 juin

Ma très chère fille,
Je sais d'avance* que tu seras étonnée[6] de recevoir de mes nouvelles* derrière un si long silence. Je ne pouvais faire autrement. Après des années difficiles, je connais aujourd'hui une vie meilleure. Sache que, depuis mon départ, j'ai pensé à toi chaque jour. Je suis sûre que ta grand-mère t'élève[7] bien et t'aime beaucoup. Mais il est temps maintenant de me rejoindre[8] en France où ta famille t'attend. Je suis mariée et tu as un petit frère de 4 mois.
Une de mes amies sera en Guadeloupe pendant ses vacances. Vous partirez ensemble.
Tu peux lui accorder ta confiance[9].
Ma chère fille, j'espère que cela te fera plaisir de me retrouver.
Je t'embrasse très fort.
Ta maman Aurélie.

[…] Man Y […] a crié:
– Ta mère arrache[10] mes deux bras et me vide de mon sang[11]…
Elle m'a tirée[12] à elle […] et m'a embrassée longuement.
C'était la première fois que je la voyais en pleurs[13]. […] Un peu plus tard, […] elle m'a demandé si j'avais envie de vivre si loin d'elle. J'ai répondu que ça me plairait de connaître ma mère.
– En plus, Man Ya, je ne peux pas refuser puisqu'[14] elle a déjà payé le billet, ça fait de l'argent. Elle dit aussi qu'elle pense à moi tous les jours …
– Ingrate[15]! a craché[16] Man Ya.

Gisèle Pineau, *Un papillon dans la cité*, © Éd. SÉPIA, 2010

---

1 …, ma fi? Féfé! *kreolisch für:* …, ma fille? Félicie! – **2 Ouvé-Y** *kreolisch für:* Ouvre-la. – **3 Sa ki la pou-w, larivyè pa ka chayè-y.** *kreolisch für:* Niemand entkommt seinem Schicksal. – **4 (rouler) le tablier (entre ses doigts)** die Schürze (zwischen den Fingern rollen) – **5 pousser un soupir désolé** einen bedauernden Seufzer ausstoßen – **6 étonné(e)** erstaunt – **7 élever qn** jdn. großziehen – **8 rejoindre qn** *hier:* zu jdm. kommen – **9 accorder sa confiance à qn** jdm. vertrauen – **10 arracher** ausreißen – **11 le sang** das Blut – **12 tirer qn à** jdn. an sich ziehen – **13 en pleurs** *(m., pl.)* in Tränen – **14 puisque** weil / da ja – **15 ingrat(e)** undankbar – **16 cracher** *hier:* ausstoßen

Maintenant, coche la bonne réponse.

Dans la lettre, Aurélie …

invite sa fille à passer ses vacances chez elle.	☐
annonce qu'une amie va passer ses vacances chez Man Ya.	☐
invite sa fille à venir en France pour vivre avec elle.	☐
annonce qu'elle va revenir pour vivre avec sa fille.	☐

B *Vrai ou faux? Coche. Justifie ta réponse en notant la / les ligne(s).*

	vrai	faux	ligne(s)
1. Aurélie est partie en laissant sa petite fille chez sa mère, Man Ya.	☐	☐	
2. La lettre est le premier signe de vie[1] d'Aurélie depuis des années.	☐	☐	
3. La petite Félicie ne sait pas encore lire, c'est Man Ya qui lui lit la lettre.	☐	☐	
4. Aurélie habite la route de l'Ermitage.	☐	☐	
5. Après des années difficiles en Guadeloupe et, au début en France, la mère de Félicie a eu des années meilleures.	☐	☐	
6. Aurélie n'a jamais oublié sa fille.	☐	☐	
7. Dans la lettre, Félicie apprend qu'elle a un nouveau père.	☐	☐	
8. Le petit frère de Félicie vit aussi chez Man Ya. Il a 4 mois.	☐	☐	
9. Félicie peut faire le voyage avec une amie qu'elle connaît bien.	☐	☐	
10. Pendant la lecture de la lettre, Man Ya est de plus en plus triste.	☐	☐	
11. L'idée d'aller en France et d'y retrouver sa mère plaîrait à Félicie.	☐	☐	
12. A la fin du texte, Man Ya n'est plus en colère mais déçue[2].	☐	☐	

Ecrire

3 Une lettre de réponse

Relis le texte du livre de Gisèle Pineau (l'exercice 2, «Une lettre»).
Imagine: Félicie a longuement réfléchi et beaucoup discuté avec sa grand-mère. Finalement, elle a pris une décision et veut répondre à la lettre d'Aurélie.

Ecris la lettre de réponse pour elle (environ 180 – 200 mots).

Gisèle Pineau, l'auteure du livre *Un papillon dans la cité*.

1 un signe de vie ein Lebenszeichen – **2 mais déçu(e)** sondern enttäuscht

Module 2
Au camping en Corse

Lire

1 La Corse – un paradis d'activités

un parapente

Imagine: cet été, tes parents et toi, vous passerez deux semaines dans un camping en Corse. Comme tu es très sportif / sportive, tu t'informes sur les différentes activités qu'on propose dans la région en cherchant sur Internet.

A *Lis d'abord ce que tu dois faire, puis le texte. (Alle Wörter mit * sind erschließbar. Wende die Strategien an, die du kennst.)*

L'île de Beauté – un paradis* d'activités

une tortue

Du nord au sud, d'est en ouest, de la mer à la montagne, la Corse qui s'offre à vous est un territoire aux mille visages[1]. C'est surtout son environnement* naturel exceptionnel* qui attire les touristes. Pour que[2] les touristes puissent en profiter pleinement, l'île a développé* un large choix d'activités de pleine nature à pratiquer en famille ou entre amis. On vous propose par exemple des promenades botaniques* qui vous permettent de connaître la flore* corse. Pour découvrir en une seule fois les 75 km de côte et les plages de la région de Balagne, prenez le train des plages qui circule* entre Calvi et L'Île-Rousse. Il s'arrête à chaque plage. Pour les petits, on a prévu des rencontres avec les animaux de la ferme ou une visite au village des tortues de Moltifao à la découverte de la dernière tortue terrestre[3] française.

Emotions* fortes ou douces[4]?

les aiguilles de Bavella

Partout sur l'île, les sportifs trouveront mille et une possibilités de pratiquer une activité physique*. Toutes les régions corses proposent des cours d'initiation[5], des stages d'entraînement ou des parcours assez difficiles, avec des accompagnateurs* qui s'adaptent* au niveau de chacun.

- **Randonnées:** Suivez tout ou une partie du GR 20, ce sentier de randonnée célèbre dans le monde entier, qui traverse la Corse du nord au sud. Admirez par exemple le Monte Cinto, la montagne la plus haute de l'île, ou les impressionnantes aiguilles de Bavella.
- **Balades à vélo ou à VTT[6]:** Découvrir la Corse à vélo ou à VTT, c'est une invitation à un voyage grandiose*. A chaque col[7], chaque virage[8], un nouveau paysage et une végétation* différente s'offriront à vous. Villages de montagne, superbes forêts et petits ports de pêche[9] …
- **Promenades à cheval:** Sur le dos d'un cheval, découvrez les 2000 kilomètres de pistes qui sont ouvertes aux cavaliers*.
- **Plongée sous-marine:** Partez seul ou avec un guide faire de la plongée sous-marine pour admirer l'incroyable richesse des fonds* marins* de la réserve de Scandola.
- **Parapente:** Survoler[10] la Corse en parapente – une des sensations les plus fortes. La Corse vue d'en haut, c'est un spectacle grandiose.

la réserve de Scandola

Mer ou montagne?

Comme la Corse est une vraie «montagne dans la mer», vous pouvez à tout moment changer d'activité. On peut dans une même journée pratiquer tous les jeux de plage ou tout simplement nager dans la mer turquoise* et se reposer au soleil, puis faire en fin d'après-midi une petite escalade[11] en montagne ou une descente* en rafting* sur une rivière*.

---

1 un visage ein Gesicht – **2 pour que** *(+ subj.)* damit – **3 terrestre** Land- – **4 doux, douce** *hier:* schwach – **5 une initiation** *hier:* eine Einführung – **6 un VTT (un vélo tout terrain)** ein Mountainbike – **7 un col** *hier:* ein Gebirgspass – **8 un virage** eine Kurve – **9 un port de pêche** ein Fischerhafen – **10 survoler qc** über etw. fliegen – **11 une escalade** ein Klettern

Vrai ou faux? Maintenant, coche la bonne réponse. Justifie ta réponse: note la / les ligne(s) dans le tableau.

	vrai	faux	ligne(s)
1. La plupart des touristes viennent en Corse pour y faire du sport.	☐	☐	
2. Le texte dit qu'en Corse, on vous propose beaucoup d'activités non sportives.	☐	☐	
3. On peut faire une promenade avec un guide qui vous explique les plantes.	☐	☐	
4. On peut prendre le train des plages pour découvrir le village des tortues.	☐	☐	
5. Les différentes régions de Corse offrent des activités sportives pour tous les niveaux.	☐	☐	
6. Les aiguilles de Bavella sont plus hautes que le Monte Cinto.	☐	☐	
7. Les promenades à vélo ou à VTT sont trop difficiles pour pouvoir profiter du paysage.	☐	☐	
8. Pour faire de la plongée sous-marine, on est obligé de prendre un guide.	☐	☐	
9. D'après le texte, la Corse est l'endroit idéal pour passer des vacances à la mer et en même temps à la montagne.	☐	☐	

B *Lis le texte encore une fois, puis retrouve les phrases qui* ***correspondent au texte****.*
Justifie ta solution en notant la / les ligne(s).

1. Le petit train entre Calvi et L'Île-Rousse
2. Les vacanciers[1] qui aiment faire du cheval
3. Aux gens qui n'ont pas peur des hauteurs,
4. Les petits vacanciers et leurs parents
5. Les gens qui cherchent l'aventure

a peuvent faire du rafting.
b on propose de faire du parapente.
c on peut circuler d'une ferme à l'autre en train.
d sont invités à visiter les fermes et leurs animaux.
e se permettent d'utiliser les petits sentiers dans la forêt.
f permet aux touristes de découvrir les plages de la région.
g ont à leur disposition plus de deux mille kilomètres de sentiers.

1. ____________ **2.** ____________ **3.** ____________ **4.** ____________ **5.** ____________

ligne(s): ________ ligne(s): ________ ligne(s): ________ ligne(s): ________ ligne(s): ________

1 **un vacancier** ein Urlauber

Ecrire

2 Au camping en Corse

Imagine: comme tous les étés, tes parents et toi, vous passerez deux semaines dans le même camping en Corse. Cette année, ta corres française Léa / ton corres français Léo passera les vacances avec vous.

Dans un courriel d'environ 200 à 250 mots, tu donnes à Léa / Léo, qui n'a jamais fait de camping, des informations sur «votre» camping et tu lui expliques pourquoi vous y retournez tous les ans. Tu lui donnes aussi des conseils sur le matériel qu'elle / qu'il devra apporter.

Parler

3 Je prépare l'interro orale.

19

A *Imagine: tes amis et toi, vous faites des projets pour un week-end de randonnée en montagne.*
Vous voulez dormir sous la tente.
Imagine votre week-end: que faudra-t-il emporter?
Comment imagines-tu la randonnée?
Les deux photos ci-dessous (hier unten) vont t'aider.

TIPP

Es ist gut möglich, dass eure Klasse nach *Module 2* eine **mündliche Klassenarbeit** macht. Dafür kannst du mit dieser Aufgabe üben, und auch in der *Interro orale* zu dieser Unité (S. 62 / 63) kannst du prüfen, ob du fit für eine mündliche Prüfung bist. Diese besteht mindestens aus zwei Teilen: einem **monologischen und** einem **dialogischen** Teil.

20

B *Avec un(e) partenaire, faites le jeu de rôle et imaginez la situation suivante: tes amis et toi, vous avez fait des projets pour un week-end de randonnée en montagne. Aujourd'hui, tu en parles à ta mère / ton père, mais elle / il n'est pas d'accord. Tu discutes avec elle / lui.*

Médiation **4**

Der GR 20

Bei deinen Vorbereitungen für euren Aufenthalt in Korsika (siehe Ex. 2) bist du im Internet auf den folgenden Artikel über den berühmten Wanderweg GR 20 gestoßen. In einer E-Mail erzählst du Léa / Léo davon, weil du gerne zwei oder drei Etappen des GR 20 mit ihr / ihm zusammen wandern möchtest. Du versuchst also, ihr / ihm die Tour schmackhaft zu machen, verschweigst ihr / ihm aber auch die Nachteile nicht.

Schreibe die E-Mail an Léa / Léo auf ein extra Blatt oder ins Heft.

Korsika zu Fuß: Wanderzirkus auf dem GR 20 […]

Der GR 20, der spektakulärste Wanderweg Frankreichs, führt mitten durch den korsischen Buschwald – und ist beliebter denn je. […]

[…] Kurz vor dem ersten Pass fallen dicke Tropfen auf die verschwitzten Gesichter. Nach Stunden des Wanderns genießen wir die Erfrischung, keiner greift zum Regencape. Schließlich ist es Sommer, und wir sind auf Korsika, einer Mittelmeerinsel. […] Die bergige Insel […] ist ein Paradies für Wanderer. Hier kann man durch duftende Kiefernwälder streifen, alpine Gipfel erklettern und dazwischen immer wieder die Aussicht auf das Mittelmeer genießen. Bekannt ist vor allem der Grande Randonnée 20, der spektakulärste und anspruchsvollste der französischen Fernwanderwege. […] Es ist ein lustiges Völkchen, das auf dem GR 20 unterwegs ist. Diejenigen, die alle 15 Etappen laufen, sind leicht an ihren großen Rucksäcken mit aufgeschnallten Isomatten zu erkennen. […]

Am Morgen laufen wir durch einen Kiefernwald, in dem die Sonnenflecken tanzen. […] Über allem liegt der Duft der Macchia, des korsischen Buschwaldes: Es duftet würzig nach Thymian, Kiefernharz und Lavendel, nach großen Ferien und Abenteuer. […] Kurz vor dem Col des Maures erreichen wir die ersten Schneefelder und gönnen uns kreischend eine sommerliche Schneeballschlacht.

Obwohl wir nur wenige Kilometer zurücklegen, ändert sich die Landschaft jeden Tag. Vom Col de Vergio steigen wir einen Pass empor […]. Im nächsten Tal stoßen wir auf den Bergsee Lac de Nino, der von einer sumpfigen, sattgrünen Wiese umgeben ist. […]

Am nächsten Morgen brechen wir auf zu einer langen und heißen Etappe. Wir folgen dem Bergbach Tavignano hinab bis zur früheren korsischen Hauptstadt Corte. Er bahnt sich seinen Weg durch scharf geschnittene Täler, stürzt sprudelnd Felswände hinunter und sprüht feuchten Nebel in allen Farben des Regenbogens.

[…] Wer auf den schwierigen Mittelteil des GR 20 verzichten will – wegen des Wetters oder mangels Kondition – , kann von Corte aus ein Stück mit der Eisenbahn fahren. Die kleine Bergbahn schlängelt sich durch zahlreiche Tunnel und transportiert heute vor allem Touristen über die Insel. In Vizzavona beginnt der einfachere Südteil des Fernwanderwegs, für den man etwa eine Woche braucht. […]

Unter den GR-20-Wanderern entsteht schnell ein Gemeinschaftsgefühl. An den Rucksackmarken lassen sich oft die Nationalitäten erraten, neben Franzosen sind auch viele Deutsche und Briten unterwegs. […]

Spätestens an der Hütte von Usciolu wird uns klar, dass der GR 20 Gefahr läuft, zum Opfer seines Erfolgs zu werden. Ein doppelstöckiges Matratzenlager bietet hier Platz für etwa 30 Wanderer – bei weitem nicht genug. Heute schlagen manchmal mehr als hundert Wanderer ihre Zelte rund um die Hütte auf. […]

Unsere Tour neigt sich dem Ende zu. Auf einer der letzten Etappen laufen wir im warmen Morgenlicht über einen Bergkamm. […] Auf der einen Seite ist schon fast das Meer zu riechen, auf der anderen geht es in eine schöne Hochebene hinein […]. Hinter den Bavella-Bergen […] geht es in Serpentinen wieder in die Zivilisation hinunter. Wir atmen noch einmal tief den Duft der sonnenwarmen Kieferwälder ein. Ein Mobiltelefon klingelt, es gibt wieder Netz. Gefehlt hat es uns nicht.

Ulrike Koltermann

Jeu de mots
En forme

5 On rend visite à mamie.

Jessica et son frère rendent visite à leur grand-mère. Mamie est une vieille dame très correcte qui parle poliment à ses petits-enfants (Enkel).

Regarde les dessins. Puis complète les bulles 1 à 6: choisis le verbe qui ***va avec le contexte*** *(****être, avoir, savoir*** *ou* ***vouloir****) et mets-le à* ***l'impératif****.*

En forme

6 Ah, ces filles! (G 20)

Sébastien et Christophe sont dans un café à la plage. Ils attendent Isa, la sœur de Sébastien. Sébastien vient de recevoir un SMS d'elle.

Lis le texte du SMS, puis complète l'explication de Sébastien à Christophe.

Christophe: Alors, qu'est-ce qu'elle a écrit? Pourquoi est-ce qu'elle n'est pas encore là?

Sébastien: Ah, ces filles! Isa a écrit que / qu'____________________________

____

____

____

____

TIPP

Denk daran, dass du beim Umformen in die indirekte Rede auch **Pronomen**, **Verbformen** und **Possessivbegleiter** anpassen musst!

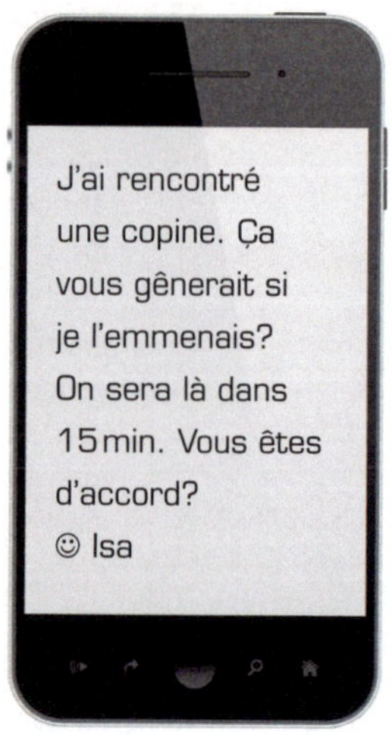

En forme

7 Mme Clavier s'énerve. (G 20)

Au bureau des objets trouvés à Ajaccio, Mme Clavier exprime son mécontentement.

Voici le dialogue entre Mme Clavier et M. Chabat, le monsieur qui travaille au bureau des objets trouvés. Lis le dialogue.

> **TIPP**
> Wie im Deutschen verändern sich beim Umformen in die indirekte Rede meist **Orts- und Zeitangaben**:
> hier ⟶ la veille
> demain ⟶ le lendemain
> ici ⟶ là-bas

Mme Clavier: (1) Hier, je vous ai téléphoné, car j'avais perdu mon porte-monnaie ici sur le marché.
(2) Je vous ai donné le numéro de mon hôtel et vous m'avez promis de me rappeler.
(3) J'attends toujours votre appel.
(4) Et demain, je rentrerai à Paris.

M. Chabat: (5) S'il vous plaît, madame, vous pourriez vous calmer[1] un moment?
(6) Je viens d'appeler votre hôtel, car on a retrouvé votre porte-monnaie ce matin, mais vous n'étiez pas dans votre chambre.

Mme Clavier: (7) C'est normal parce que j'étais déjà partie.

Quelques jours après, M. Chabat rencontre son collègue de Bastia et lui raconte ce qui s'est passé.

Prends le rôle de M. Chabat et raconte l'histoire au ***discours / à l'interrogation indirect(e)****.*

M. Chabat: Tu sais, lundi, une dame est passée me voir au bureau. Elle était très énervée.

(1) D'abord, elle a expliqué que / qu'______________________________

____

(2) Après, elle a dit que / qu'______________________________

____

(3) Elle a dit que / qu'______________________________

(4) Puis elle a crié que / qu'______________________________

(5) Moi, je lui ai demandé si ______________________________

____

(6) Je lui ai expliqué que / qu'______________________________

____

(7) Tu sais ce qu'elle m'a répondu? Elle a dit que / qu'______________________________

____

Puis elle a pris son porte-monnaie et elle est partie sans dire merci.

1 se calmer sich beruhigen

Jeu de mots

8 Une soirée karaoké au camping?

→ En plus CD, 2 △

Sébastien Mollier, sa sœur Isa et leurs copains Clara et Christophe passent leurs vacances dans un camping près d'Ajaccio, en Corse. Sébastien et Christophe dorment sous une tente, Isa et Clara sous une autre. D'habitude, ils s'entendent bien, mais aujourd'hui, l'ambiance est un peu tendue *(angespannt)*.

Lis le texte, puis choisis le mot ou l'expression correct(e) dans le tableau. Traduis-le / Traduis-la en français et complète le texte. N'oublie pas de mettre la bonne forme des verbes.

TIPP

Bevor du mit dieser Aufgabe beginnst, schau dir vor allem noch einmal die Wendungen in den beiden *On dit*-Kästen auf S. 80 und S. 82 deines Schulbuches an. Wenn du schon so fit bist, dass du die Hilfestellung durch den Wortspeicher nicht mehr brauchst, findest du eine **schwierigere Version** dieser Aufgabe im *En plus*-Teil.

anschließen	aufhören	bereit	Camper	Dekoration
Durcheinander *(fam.)*	nutzen; *hier:* Was bringt es …	sich kümmern	leihen	Lust haben (auf etwas)
mithelfen *(fam.)*	Kompromiss	mir scheint	schicken	sei *(imperatif)*
Steckdose	stören	verfügbar	Verfügung	Verlängerungskabel

Isa: Séb, Christophe, vous avez vu votre tente?

C'est vraiment le ______________________.

Pourquoi est-ce que vous ne rangez jamais vos affaires?

Sébastien: ____

ranger? Reste cool, Isa. On est en vacances.

Clara: Ecoutez, j'ai une idée: si on organisait une fête pour

tous les __________________________________?

Isa: Une soirée karaoké peut-être? Ah oui, ça ________________________________. Mais pour l'organiser,

tout le monde doit ____.

Clara: Alors, au travail. Je vais d'abord aller à l'accueil pour me renseigner si la salle de bar est

__________________________ demain soir.

Sébastien: Christophe et moi, on a un ordinateur portable et plusieurs DVD avec des chansons karaoké.

Il faudrait _____________________________ l'ordinateur sur un grand téléviseur. Donc, n'oublie pas de

leur demander quels appareils ils pourraient mettre à notre ___________________________________.

Clara: D'accord. Et je vais leur demander aussi s'ils peuvent nous ____________________ des

__________________________ pour l'électricité.

Christophe: On doit aussi savoir s'il y a assez de ____________________ de courant dans la salle du bar.

Sébastien: Et toi, Isa, tu as dit que tu t'occuperais de la ______________________, non? Isa?

Tu m'entends? Isa, ______________ gentille et ________________ deux minutes

de / d'____________ des SMS. Franchement, ça me ________________________.

Isa: D'accord. Je vous propose donc un ______________________: je vais faire des affiches et

on va ________________ du reste ensemble.

Sébastien: Ecoutez, il me ______________ qu'on ne va pas arriver à organiser la fête tout seuls.

Pourquoi est-ce qu'on ne demande pas à l'équipe du camping si elle serait __________ à nous aider?

Christophe: Oui, c'est une bonne idée, Séb.

Vis-à-vis

9 Connais-tu la Corse?

Imagine: l'été dernier, tes parents et toi, vous avez passé deux semaines en Corse. Pour découvrir l'île, vous avez fait des randonnées à pied et à vélo, vous avez visité les villes comme Ajaccio et Bastia et vous avez goûté les spécialités corses.

Vrai ou faux? Corrige les mauvaises réponses.

	vrai	faux
1. L'emblème de la Corse est une tortue. Correction: ______________________	☐	☐
2. La Corse est divisée en deux départements, la Basse-Corse (2A) et la Haute-Corse (2B). Correction: ______________________	☐	☐
3. Le GR 20, qui traverse la Corse du nord au sud, est long de 180 kilomètres. Correction: ______________________	☐	☐
4. La région de Balagne offre plus de 150 kilomètres de côtes et de plages. Correction: ______________________	☐	☐
5. Le train des plages fait l'aller-retour Bastia – L'Île-Rousse. Correction: ______________________	☐	☐
6. Ce train s'appelle «u trinichellu», ce qui veut dire «gondole sur rails». Correction: ______________________	☐	☐
7. A Bastia, on peut visiter la maison natale de Napoléon Bonaparte. Correction: ______________________	☐	☐
8. Le fiadone est une sorte de tarte au brocciu, un fromage blanc frais, et aux pommes. Correction: ______________________	☐	☐
9. En Corse, la musique traditionnelle est une musique vocale. Correction: ______________________	☐	☐
10. Le groupe le plus connu, *I Muvrini*, ne chante que des chants traditionnels. Correction: ______________________	☐	☐

Interro orale

L'interro orale se passe avec un(e) partenaire.
Vous avez environ 10 minutes (+ 10 minutes de préparation).
Elle se déroule en deux parties:
- un échange d'informations sous forme de monologue et
- un jeu de rôle.

Partie A, monologue: Chaque partenaire a une photo qu'il / qu'elle a tirée au sort. Regardez-la et décrivez-la. Parlez librement.

Partie B, jeu de rôle: Tu fais un jeu de rôle avec ta / ton partenaire. Vous avez 10 minutes de préparation. Vous pouvez prendre des notes que vous pouvez utiliser comme aide-mémoire pendant l'interro. Pensez à parler le plus librement possible.

> **!**
> 1. In den **Lösungen** findest du die **Arbeitsanweisungen auf Deutsch** sowie viele weitere nützliche Informationen zur mündlichen Klassenarbeit.
> 2. Für **Teil A** gibt es jeweils eine Aufgabe für dich und eine für deine(n) Partner(in). Das Rollenspiel in **Teil B** macht ihr gemeinsam.

Partie A: Mes vacances en Corse (<u>ton</u> monologue)

Durée: 2 min

21 *Imagine: tu viens de passer tes vacances en Corse. Regarde cette carte postale de la Corse et explique ce que tu vois. Parle aussi des activités qu'on peut y faire.*

Partie A: Mes vacances en Corse (<u>monologue partenaire</u>)

Durée: 2 min

22 *Imagine: tu viens de passer tes vacances en Corse. Regarde cette carte postale de la Corse et explique ce que tu vois. Parle aussi des activités qu'on peut y faire.*

Partie B: Mieux profiter des vacances (jeu de rôle)

Durée: environ 6 min

23 *Imagine: ta corres / ton corres et toi, vous partagez une tente dans un camping.*
Vous avez des habitudes différentes et vous n'êtes pas toujours d'accord l'un(e) avec l'autre.
Donc, vous vous disputez souvent.
Maintenant, discutez pour essayer de vous entendre et de trouver une solution / des compromis afin que (damit) tout se passe mieux. Les cartes de rôle vont vous aider.

(Vorbereitung: Die Rollenkarten findet ihr nochmals auf der CD. Ihr könnt sie kopieren und dann auf eine festere Unterlage drucken. Anschließend könnt ihr sie an den gestrichelten Linien ausschneiden.)

Toi

- Sie / Er ist die ganze Zeit mit ihrem / seinem Smartphone beschäftigt.
- In eurem gemeinsamen Zelt herrscht Unordnung, immer bist du diejenige / derjenige, die / der aufräumt. Das nervt dich.
- Du würdest sehr gerne etwas mit ihr / ihm unternehmen, z. B. mit dem Fahrrad die Insel erkunden, eine Wanderung in den Bergen machen oder die Sehenswürdigkeiten der Insel besichtigen.
- Du hast keine Lust, am Abend wegzugehen, sondern willst abends früh ins Bett gehen, damit du am nächsten Tag ausgeruht und fit bist.

Ta / Ton corres

- Sie / Er findet, dass du gelassener sein solltest. Es sind schließlich Ferien!
- Sie / Er hat keine Lust, in der Hitze Sport zu treiben oder Sehenswürdigkeiten anzuschauen.
- Sie / Er liebt das Meer und den Strand. Sie / Er möchte sich ausruhen, an den Strand gehen, schwimmen, lesen …
- Sie / Er würde gerne tauchen gehen.
- Am Abend würde sie / er gerne ausgehen, Leute kennenlernen, tanzen und Spaß haben. Zum Beispiel gibt es heute einen Themenabend im Gemeinschaftsraum. Es werden auch noch Leute gesucht, die beim Vorbereiten helfen.

M3

Module 3
Culture et technique

Ecouter

1 Une passion hors du commun[1]

24

Camille est l'invitée d'une émission de radio dans laquelle les jeunes parlent de leur passion un peu spéciale.

Lis ce que tu dois faire.
Puis écoute le document ***deux fois.***
Fais une pause entre les écoutes.

A *Coche la bonne réponse.*

Selon Camille, la vie d'Edith Piaf a été plutôt …

gaie. ☐	grise. ☐	glamoureuse. ☐

A gauche: Marion Cotillard dans le rôle d'Edith Piaf.
A droite: Edith Piaf.

B *Vrai ou faux? Coche la bonne réponse.*

	vrai	faux
1. Edith Piaf est née en 1913.	☐	☐
2. Ses parents étaient des artistes.	☐	☐
3. Elle a passé une partie de son enfance chez sa grand-mère.	☐	☐
4. Celle-ci s'occupait bien d'elle et lui donnait assez à manger.	☐	☐
5. Quand elle avait cinq ans, son père l'a emmenée chez lui.	☐	☐
6. Il la battait souvent.	☐	☐
7. A cette époque, Edith était grosse, c'est pourquoi on l'appelait «Piaf».	☐	☐
8. Edith Piaf n'a jamais eu d'enfants.	☐	☐
9. Parmi les hommes qu'elle a aimés, il y a eu de grands chanteurs et musiciens.	☐	☐
10. Edith Piaf est morte dans un accident de voiture.	☐	☐
11. Elle est morte en 1963.	☐	☐
12. A son enterrement[2], il y avait 4 000 personnes.	☐	☐
13. Aujourd'hui, ses fans s'occupent de sa tombe[3].	☐	☐
14. Il y a beaucoup de films qui racontent sa vie.	☐	☐
15. Edith Piaf avait une voix très douce, elle avait besoin d'un micro pour chanter fort.	☐	☐
16. Le message des chansons d'Edith n'est plus actuel.	☐	☐

1 hors du commun außergewöhnlich – **2 un enterrement** eine Beerdigung – **3 une tombe** ein Grab

C *Complète les lignes de texte suivantes de la chanson.*

«Non! Rien de rien … / Non! Je ne regrette[1] rien …

__________________ qu'on m'a fait

__________________, tout ça m'est bien égal!

Avec mes souvenirs / J'ai __________________

__________________, mes plaisirs,

Je n'ai plus __________________.

Non! Rien de rien … / Non! Je ne regrette rien …

Car ma vie, car mes joies / Aujourd'hui, __________________!»

Lire

2 Emilie du Châtelet, mathématicienne et physicienne

Tu dois préparer le portrait d'une personnalité du domaine des sciences naturelles. Tu choisis Emilie du Châtelet, une physicienne et mathématicienne française.
Voici un texte que tu as trouvé sur Internet.

A *Lis d'abord ce que tu dois faire, puis le texte.*
*(Alle Wörter mit * sind erschließbar!)*

INFO

Euler, Bernoulli et Réaumur sont des mathématiciens et physiciens très importants. Tu connais peut-être Euler, car le nombre exponentiel «e» porte son nom. Leibniz et Newton sont les mathématiciens qui ont préparé ce que tu apprends en analyse (auf Deutsch: Analysis).

Gabrielle Emilie Le Tonnelier de Breteuil

Gabrielle Emilie Le Tonnelier de Breteuil naît le 17 décembre 1706 dans une famille d'aristocrates*. Dans le Siècle des lumières[2], elle sera l'une des personnalités les plus célèbres*. Elle reçoit une éducation exceptionnelle[3] pour une femme de son époque. Elle est bonne en tout: elle danse, joue du clavecin*, apprend le latin*, le grec et l'allemand, s'intéresse aux beaux vêtements, à l'opéra* et aux sciences naturelles*.
Le marquis Florent Claude du Châtelet la prend comme épouse, mais bientôt, ils ne vivent plus ensemble, c'est pourquoi Emilie est libre de faire ce qu'elle veut. Elle rencontre les grands hommes de son époque: Euler, Bernoulli et Réaumur. Plusieurs deviendront ses amants[4] dont Voltaire.
La passion d'Emilie est la physique, elle analyse les travaux théoriques* de Leibniz sur l'énergie cinétique[5] et en fait la démonstration expérimentale* dans son château. Elle écrit un traité[6] de physique que l'Académie des sciences publie – une première pour une femme. En 1748, Emilie rencontre le jeune et beau chevalier* de Saint-Lambert, un poète qui a 10 ans de moins qu'elle. Elle tombe amoureuse de lui et bientôt, elle attend son enfant. Avant la naissance du bébé, elle termine sa plus grande œuvre, la traduction du latin en français des *Principes mathématiques de la philosophie naturelle* d'Isaac Newton, les *Principia*. Emilie a seulement le temps de terminer son manuscrit* et de l'envoyer à la bibliothèque du roi. Sa fille naît en septembre 1749, dans des conditions* difficiles. Quatre jours plus tard, mère et fille meurent. La traduction des *Principia* est la seule traduction en français de ce document important jusqu'à aujourd'hui.
Un écrivain de l'époque la décrit avec les mots suivants: «Le caractère de Madame du Châtelet était d'être extrême* en tout».

1 regretter qc etw. bedauern – **2 le Siècle des lumières** das Jahrhundert der Aufklärung – **3 exceptionnel(le)** außergewöhnlich – **4 un amant** ein Liebhaber – **5 l'énergie cinétique** *(f.)* die Bewegungsenergie *(abhängig von der Masse und Geschwindigkeit der Körper in Bewegung)* – **6 un traité** *hier:* eine Abhandlung

→

*Maintenant, résume en une ou deux phrase(s) ce que tu as compris **globalement** de la marquise du Châtelet.*

____

____

____

B *Note dans la grille le plus d'informations possible sur les thèmes indiqués.*

Naissance / Mort	Famille	Enfance / Etudes	Vie d'adulte / Œuvre

Ecrire

3 Non! Je ne regrette rien …

Non! Je ne regrette rien … est une des chansons les plus connues d'Edith Piaf.

Ecoute cette chanson sur Internet, puis décris son texte et sa mélodie. Dans ton livre, à la page 97, tu trouveras les expressions nécessaires.
Ecris environ 180 mots.

Parler

4 Un exposé sur Edith Piaf

25

Tu dois faire un exposé sur une personnalité du monde culturel. Tu as décidé de parler d'Edith Piaf.

Réécoute l'exercice 1 ou lis la transcription sur le CD-ROM, puis prends des notes. Parle d'abord de son physique, de son caractère, de sa vie sociale et émotionnelle et de ses chansons. Puis donne ton avis et essaie d'expliquer ce qu'elle comprend par «le bien» et «le mal» dans sa chanson Non! Je ne regrette rien.

TIPP

1. Deine Mitschüler verstehen dich nur, wenn du das Französisch benutzt, das ihr gelernt habt. Mit Sätzen, die du irgendwo abgeschrieben hast, können sie nichts anfangen. Du auch nicht, denn selbst wenn du sie verstehst, wird es dir schwer fallen, sie fließend und natürlich vorzutragen.
2. Erstelle aus deinen Notizen eine Präsentation (Power-Point o. Ä.), füge Bilder von Edith Piaf ein und auch ein bis zwei Tondokumente. Bitte Deine(n) Lehrer(in), das *Exposé* halten zu dürfen. Dein Fleiß wird bestimmt belohnt!

Médiation

5 L'enfance d'Antoine de Saint-Exupéry

→ En plus CD, 1

Pour son cours de français, ta copine Maja doit faire un exposé sur Antoine de Saint-Exupéry. Elle veut montrer comment Saint-Exupéry s'est intéressé à la littérature et à l'aviation. Sur Internet, elle a trouvé un article sur son enfance et sur sa jeunesse. Comme elle n'est pas très forte en français, elle te demande de l'aider …

*Par courriel, elle t'a envoyé l'article suivant. Tu ouvres le fichier et tu lis l'article. Résume en allemand les aspects de l'article qui peuvent intéresser ta copine. (Alle Wörter und Wendungen mit * sind erschließbar. Wende die Strategien an, die du kennst! Wenn du möchtest, kannst du dich auch im Internet über Schriftsteller informieren, für die sich Antoine de Saint-Exupéry interessierte.)*

Antoine de Saint-Exupéry

Fils de Jean de Saint-Exupéry et de Marie de Fonscolombe, il est le troisième de leurs cinq enfants. Son père meurt en 1904. Marie se retrouve seule et sans argent et emmène ses enfants dans le Midi, dans le château de son père […]. Elle leur lit des beaux livres, dont les Contes* d'Andersen qu'Antoine aimera toute sa vie. Elle leur apprend la peinture […] et la musique.
En 1907, après la mort de son père, Marie et les enfants sont accueillis à Lyon par leur tante […]. Antoine de Saint-Exupéry partage[1] sa vie entre son appartement […] et le château […] où est situé* l'univers* fantastique de son enfance, celui des jeux et des découvertes, celui des premières expériences* scientifiques aussi: […] il construit une «bicyclette* volante*» qui ne volera pourtant jamais.
En 1909, invités par leur grand-père Fernand de Saint-Exupéry, qui souhaite avoir près de lui ses petits-fils, Antoine et son frère François quittent l'univers de leur première enfance pour continuer leurs études au collège Jésuite […] au Mans. Antoine est un élève moyen.
La vie d'interne[2] ne lui plaît pas du tout: «Quand on est un petit garçon au collège, on se lève trop tôt. On se lève à six heures du matin. Il fait froid. On se frotte* les yeux et on souffre[3] à l'avance* de la triste leçon de grammaire.»
Donc les vacances au château […] sont le paradis*. Surtout qu'à quelques kilomètres se trouve un terrain d'aviation* où des constructeurs lyonnais* essaient leurs aéroplanes*. Antoine se plaît auprès des pistes et dans les hangars* où il est fasciné par les moteurs. […]
En juillet 1912, Antoine fait croire à un de ces aviateurs qu'il a l'autorisation* de sa mère et le convainc de le prendre à bord de son avion […].
En 1914, Antoine […] lit énormément (et) découvre Balzac, Dostoïevski et Baudelaire entre autres. Malgré[4] de bonnes appréciations[5] en physique, en philosophie et en musique, Antoine est parmi les derniers de la classe. […]
Cette même année, (il) obtient[6] son bac et monte* à Paris. Il est introduit[7] dans les milieux* mondains* et littéraires* […] de la capitale où il fait la connaissance* de ceux qui font la pluie et le beau temps[8] des lettres* françaises dont André Gide […].

1 partager aufteilen – **2 un interne** ein Internatsschüler – **3 souffrir** leiden – **4 malgré** trotz – **5 une appréciation** *hier:* eine Leistungsbeurteilung – **6 obtenir** *hier:* bestehen – **7 être introduit(e) dans …** in … eingeführt werden – **8 faire la pluie et le beau temps** das Sagen / Einfluss haben

En forme

6 Tout est bien qui finit bien. (G 21)

→ En plus CD, 2 ▲

Mme Chasseral et sa fille Caroline sont en train de prendre le petit déjeuner. Caroline n'est pas contente. Elle a une journée dure devant elle.

A *Prépare la partie B. Prends le rôle de Caroline et raconte à ta mère ce que tu vas faire aujourd'hui. Fais des phrases* ***au futur simple.***

Aujourd'hui, je (aller) ______________ au collège, on (faire) ______________ un test en maths, nous (avoir) ______________ une interrogation en anglais, les profs (poser) ______________ mille questions et quand nous (ne pas connaître) ______________ la réponse, M. Berger surtout (s'énerver) ______________. J'en ai marre!

B *Madame Chasseral travaille comme vendeuse dans un magasin de chaussures. Maintenant prends son rôle. Dis ce que tu auras fait à huit heures ce soir. Mets les phrases* ***au futur antérieur.***

Quelle galère, ma pauvre chérie! Pour moi aussi, ce sera une journée difficile, tu sais? Quand je rentrerai ce soir à 20 heures, j' (courir) ______________ pour ne pas rater le bus parce que nous (discuter) ______________ un peu trop longtemps pendant le petit-déjeuner, je (arriver) ______________ en retard au magasin comme toujours, je (s'occuper de) ______________ beaucoup de clients, ils (vouloir) ______________ essayer toutes les chaussures, ils (me rendre) ______________ dingue, je (ne pas avoir) ______________ de pause de midi et je (mourir) ______________ de faim. Mes collègues et moi, on (descendre) ______________ au souterrain cent fois pour ranger les chaussures que les clients (ne pas acheter) ______________. Je (aller chercher) ______________ ton frère à l'école, ton père (aller) ______________ à la boulangerie, tu (mettre) ______________ la table, ensemble nous (faire) ______________ la cuisine et enfin, parce que la journée (être) ______________ difficile pour tous, il y aura des crêpes pour le dessert. Tout est bien qui finit bien!

En forme

7 Avant le départ (G 22)

Cinq jeunes ont passé une semaine en classe de neige.
Maintenant, ils sont en train de faire leurs valises.

Lis le dialogue, puis complète-le en employant ***les pronoms démonstratifs «celui / celle / ceux / celles (+ -ci / -là)» et les pronoms possessifs «le mien / le tien / le sien / etc.».***
(Ergänze selbstständig mit ***qui / que / où / dont*** *bei einem Relativsatz oder* ***de, pour, avec, sans*** *bei einer präpositionalen Ergänzung.)*

Cathy: Ce sont tes chaussures, Lily?

Lily: Non, ce sont ____________________ Marie.

____________________ sont déjà dans la valise. Tu as vu mon anorak?

Cathy: C'est ____________________?

Lily: Oui, c'est ____________________, merci. Est-ce que ces clés USB sont à toi?

Cathy: Non, je n'ai pas apporté ____________________. Ce sont peut-être ____________________ Fabienne et Marlène ont apportées. Elles cherchent ____________________. Les chansons qu'elles ont téléchargées sont géniales.

Lily: ____________________ Zaz que tu chantes tout le temps?

Cathy: Bien sûr. Tu veux les écouter?

Lily: Non, ne chante surtout pas. Zaz a une jolie voix, mais ____________________ n'en parlons pas.

Marie: Dépêchez-vous les filles. Pas de chansons maintenant. Mais où est ma tablette?

Lily: Ta tablette, ____________________ tu as rêvé si longtemps? Tu ne sais pas où elle est? Attends, on va t'aider à la retrouver.

Marlène: Vous avez vu nos clés USB? – Ah voilà, ce sont ____________________.

Et qui cherche sa tablette? ____________________, c'est ____________________, Marie?

En forme

8 Définitions mixtes

→ En plus CD, 3 ▲

Entraîne-toi et trouve à chaque fois la bonne définition. Fais des phrases avec les éléments donnés, en utilisant le bon pronom relatif.

1. Les crocodiles sont des animaux dangereux …	dont (2x) dans lequel dans lesquels auquel auxquels pour lesquels autour duquel qui qu' sans laquelle avec lesquels	**a)** … on vend surtout des articles de luxe.
2. Les colocataires sont des gens …		**b)** … on ne devrait prendre que quand on a vraiment mal.
3. L'intelligence est une qualité …		**c)** … beaucoup de jeunes pensent avec peur.
4. Les bols sont une sorte de tasse …		**d)** … stressent toujours un peu les candidats.
5. Le *Printemps* est un grand magasin à Paris …		**e)** … les nombres ne posent pas de problème.
6. Le bac est un examen …		**f)** … il y a souvent un beau parc.
7. Une pilule est un médicament …		**g)** … on peut être fier.
8. Les entretiens d'embauche sont des discussions …		**h)** … on a du mal à se débrouiller dans la vie.
9. Les mathématiciens sont des scientifiques …		**i)** … on connaît bien vite le caractère.
10. Les jours de vacances sont des moments particuliers …		**j)** … les Français boivent leur café au petit-déjeuner.
11. Un château est un monument …		**k)** … on repense souvent.
12. Un prix est un succès …		**l)** … on ne devrait pas jouer.

Jeu de mots
Ecrire

9 Petits textes

Sois créatif / créative! Ecris des petits textes avec les nouveaux mots du module. Tu n'as pas besoin de tous les utiliser, mais le plus possible. Utilise des ***connecteurs (alors, car, c'est pourquoi, donc, et, mais, parce que)****.*
(Wenn dir die Übung noch schwerfällt, lies dir die Lösungen durch. Schreibe eine Stunde später die Texte frei, ohne noch einmal zu schauen!)

TIPP
Wenn du die neuen Wörter in eigenen kleinen Texten anwendest, prägen sie sich viel besser ein, weil dein Gehirn dann damit gearbeitet hat und sie so gut verknüpfen kann.

1. Antoine de Saint-Exupéry ▪ pilote de l'Aéropostale ▪ accident ▪ il vaut mieux ▪ courageux ▪ craindre ▪ ne … ni … ni ▪ vol ▪ mort
2. trompette ▪ fier / fière ▪ orchestre ▪ gai(e) ▪ battre ▪ instrument ▪ cœur ▪ succès
3. sûr(e) de soi ▪ troubler ▪ faire rire ▪ courage ▪ pleurer ▪ tuer ▪ arme ▪ aucun ▪ problème ▪ larmes
4. ruiner ▪ crise ▪ valeur ▪ vendre ▪ caractère ▪ espoir ▪ se plaindre ▪ guerre ▪ perdre
5. chanson ▪ mélodie ▪ engagement ▪ protester ▪ voix ▪ doux / douce ▪ poète ▪ faire attention

1 gothique gothisch – **2 la RDA** die DDR – **3 un bâtiment universitaire** ein Universitätsgebäude

Interro

Lire **1**

Louis Braille et l'écriture* pour les aveugles[1]

Voici un texte sur un personnage qui a changé la vie de milliers de personnes handicapées, des aveugles.

A *Lis d'abord ce que tu dois faire, puis le texte. (Erschließe alle Wörter und Wendungen mit *.)*

Les outils du bourrelier

Machine à écrire le braille

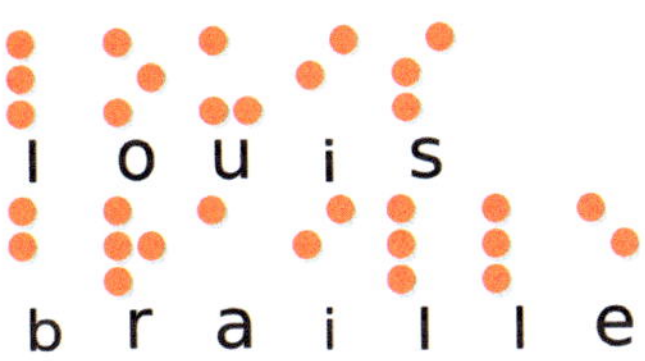

Louis Braille en écriture braille

Louis Braille est né en 1809 à Coupvray. Son père était bourrelier[2], un artisan[3] qui travaille le cuir et la toile et en produit* des gros sacs, du matériel en cuir pour les chevaux, etc. Dès sa petite enfance, Louis aimait rester dans l'atelier pour regarder et pour travailler, car le métier de son père le fascinait. Un jour – Louis avait alors trois ans –, il a eu un accident: un outil[4] l'a blessé à l'œil. A l'époque, on ne pouvait pas opérer* l'enfant comme on le ferait aujourd'hui. On mettait un bandage* sur l'œil et on attendait. Mais il y a eu une infection* qui a bientôt atteint l'autre œil et Louis a perdu la vue* complètement. Comme un enfant aveugle ne pouvait pas suivre les cours à l'école, Louis était bien content de pouvoir continuer à travailler le cuir. Mais ses parents connaissaient l'importance d'une bonne éducation pour leur enfant handicapé.
Le curé[5] et le maire* du village les ont aidés à avoir une place gratuite à l'Institut national* des jeunes aveugles à Paris. Louis apprenait vite à lire avec ses doigts des lettres en relief*. Il était un excellent* élève et alors qu'il n'avait même pas encore quinze ans, ses professeurs lui donnaient déjà des responsabilités: il avait par exemple le droit d'expliquer les leçons aux autres élèves.

Vers 1835, Louis Braille est tombé malade et après, il allait trop mal pour continuer son travail de professeur. Sans se plaindre, il a profité de son temps libre pour donner encore plus d'importance* à son travail d'inventeur et a présenté en 1847 la première machine à écrire le braille[6]. A partir de 1851, il a dû arrêter toutes ses activités et en 1853, il est mort de tuberculose*.
Un siècle plus tard, pour faire honneur à cet homme qui avait aidé tant* d'aveugles, l'Etat français a fait transférer* son corps du cimetière de Coupvray au Panthéon de Paris. Seules ses mains sont restées dans sa tombe[7] à Coupvray en l'honneur de son village d'enfance.

Maintenant, coche le bon résumé.

1 Louis Braille utilise les outils du bourrelier pour inventer une machine destinée aux aveugles. ☐	**2** Grâce à sa maladie, Louis Braille a le temps d'inventer une machine avec laquelle les aveugles peuvent écrire. ☐	**3** Louis Braille est né aveugle, mais il est tellement bon à l'école qu'il peut devenir professeur à Paris et inventeur. ☐

1 un(e) aveugle; aveugle *(adj.)* ein(e) Blinde(r); blind – **2 un bourrelier** ein Sattler – **3 un artisan** ein Handwerker – **4 un outil** ein Werkzeug – **5 un curé** ein Priester / Pfarrer – **6 le braille** *Reliefschrift mit erhabenen Punkten, die von Blinden ertastet und zu Wörtern zusammengesetzt werden können* – **7 une tombe** ein Grab

→

B *Vrai ou faux? Coche. Justifie ta réponse en notant le(s) ligne(s).*

	vrai	faux	ligne(s)
1. Louis Braille est né au XVIIIe siècle.	☐	☐	
2. Son père travaillait avec des chevaux.	☐	☐	
3. Quand il était petit, Louis était souvent dans un atelier de bourrelier.	☐	☐	
4. Louis est devenu aveugle parce qu'il a eu un accident de voiture.	☐	☐	
5. Ses parents ne voulaient pas qu'il aille à l'école.	☐	☐	
6. Grâce à l'aide de deux hommes, Louis est devenu élève d'une école à Paris.	☐	☐	
7. Ses professeurs lui ont demandé de donner des cours.	☐	☐	
8. Louis ne voulait pas travailler à l'institut pour avoir plus de temps pour ses inventions.	☐	☐	
9. Louis est mort après avoir été longtemps malade.	☐	☐	
10. Les mains de Braille se trouvent, avec le corps, au Panthéon de Paris.	☐	☐	

Ecrire

2 Le portrait d'Emilie du Châtelet

Tu dois avoir lu le texte sur Emilie du Châtelet (p. 65).
Regarde l'image à droite et fais son portrait: décris ce que tu vois, complète avec ce que tu sais et avec ce que tu peux imaginer.

Médiation

3 Braille aujourd'hui

Deine französische Brieffreundin Claudie hat diesen Artikel in einer Fremdsprachenzeitung gefunden, aber sie versteht noch nicht alles. Sie möchte wissen, ob es sich heute noch für Blinde lohnt, Braille zu lernen und wie es am besten geht. In einer E-Mail fasst du ***die wichtigsten Informationen*** *auf Französisch zusammen.*
(Etiketten = des étiquettes; eine Schrift = une écriture.)

Nur 10% der Blinden und Sehbehinderten lernen heute noch lesen und schreiben. Blinde lesen nicht mit den Augen, sondern mit den Fingern. 6–8 erhabene Punkte bilden zusammen einen Buchstaben, den die Blinden ertasten, mit anderen Buchstaben zusammensetzen und so Wörter erkennen. Das nimmt viel mehr Platz als normale Druckschrift – der Duden zum Beispiel umfasst in Brailleschrift 18 Bände. Aber das ist nicht das Problem, heutzutage gibt es Computer, die die Buchstaben in Computerbraille darstellen. Um wirklich mit den Händen lesen zu können, muss man viel üben und das schon von früher Kindheit an.

Frau Walther, Mutter einer 15jährigen Tochter, empfiehlt: „Wir haben eine Brailleschreibmaschine gekauft, als Mareike drei Jahre alt war und Etiketten hergestellt, auf denen ihr Name stand. Sie war so stolz, ihren Namen auf ihren Sachen zu „lesen". Später haben wir viele Gegenstände in der Wohnung mit den dazugehörigen Begriffen beklebt. Mareike konnte sich so den Begriff und das Objekt zusammen mit der Schrift einprägen. Heute liest sie Harry Potter in Braille und lacht über mich, weil ich mich so ungeschickt anstelle."

Für Erwachsene ist es schwierig, Braille zu erlernen. Es ist, als müssten ältere Menschen eine neue Fremdsprache erwerben. Sie haben als Kinder gut gesehen, dann das Augenlicht verloren und erst sehr spät mit Braille angefangen. Andere können ihren Tastsinn nicht so perfektionieren. Und dabei wäre es so wichtig, lesen und schreiben zu können um einen Arbeitsplatz zu finden, Geld zu verdienen und unabhängig zu sein.

„Mareike will später als Lehrerin für blinde Menschen arbeiten, damit auch sie eine Chance haben." sagt Frau Walther.

Wir wünschen ihr Glück!

En forme
eu de mots

Unité 1

Un bon conseil[1]

Dans ce blog, on vous propose d'aller à Nantes pour voir une troupe de théâtre qui ne joue pas dans une salle, mais …

Lis le texte. Dans la plupart des lignes du texte, il y a un mot en trop. Ecris ce mot dans la case prévue. Attention: 2 à 5 lignes sont correctes! Marque-les avec le symbole ✓. **Deux réponses (0, 00)** *sont données en exemple.*
(Lies den Text. In den meisten Zeilen ist ein überflüssiges Wort, das den Satz falsch macht. Schreibe dieses Wort in die vorgesehene Spalte. Achtung:
2–5 Zeilen sind richtig! Setze bei diesen richtigen Zeilen ein ✓.
Zwei Antworten (0, 00) sind dir als Beispiel vorgegeben.)

Si vous n'avez pas beaucoup d'argent pour voyager, alors, aujourd'hui, je vais	✓	**0**
vous donner une idée: partez à Nantes ! Si vous ne le connaissez pas	**le**	**00**
encore cette ville et surtout si vous aimez aller le théâtre, c'est là que vous		**1**
devez aller! Vous allez pouvoir découvrir quelque chose de fantastique		**2**
que vous n'avez encore jamais vu: mais il y a à Nantes l'une des troupes		**3**
de théâtre les plus connues de France. Elle s'appelle Royal de Luxe et elle		**4**
n'a pas trouvé besoin de scène: tous ses spectacles se déroulent dans la rue!		**5**
Les artistes de cette troupe présentent avec des choses incroyables: des		**6**
marionnettes géantes lesquelles qu'ils fabriquent avec du métal et du bois		**7**
comme un éléphant de 12 mètres de haut qui fait 50 tonnes!		**8**
Cinquante personnes peuvent facile monter sur cet animal qui ressemble		**9**
à un vrai éléphant. Ces étranges marionnettes qui fascinent tous les		**10**
touristes. Alors, suivez mon conseil, allez y sur le site Internet de cette		**11**
troupe géniale et regardez quelques unes vidéos de ces spectacles. Vous		**12**
verrez que vous n'aurez plus envie de partir dans le Sud, mais plutôt à Nantes.		**13**
Vous ne le regretterez pas encore, j'en suis sûre. Nantes, c'est trop géant!		**14**

1 un conseil ein Ratschlag

Unité 2

En forme
Jeu de mots

Un stage en France?

Laura est une jeune Allemande de 17 ans qui passera son baccalauréat l'été prochain. Elle ne sait pas encore ce qu'elle fera après. Devenir vétérinaire?

Lis le texte. Il y a des mots qui manquent. Utilise le mot entre parenthèses pour trouver la forme correcte. Ecris tes réponses dans les cases prévues. ***Le premier mot (0)*** *est donné en exemple.*
(Lies den Text. Es fehlen Wörter. Verwende das Wort in Klammer um das gesuchte Wort zu bilden.
Schreib deine Antworten in das vorgesehene Raster.
Die erste Antwort (0) ist vorgegeben.)

Un stage en France? Pourquoi pas? Mais Laura hésite encore. **(0)** _____ **(final)**, elle a décidé qu'elle avait besoin de faire une pause pour réfléchir avant de commencer des études ou une **(1)** _____ **(former)** professionnelle. Comme elle adore le français, elle **(2)** _____ **(aimer)** bien passer quelques mois en France. Ses parents étant **(3)** _____ **(tout)** les deux professeurs de français, elle n'a passé ses vacances que dans des pays francophones depuis son plus jeune âge. L'été dernier encore, ils ont passé quatre semaines ensemble au Québec et tout le monde lui a dit qu'elle parlait très **(4)** _____ **(bon)** français.

Comme depuis toujours, elle s'intéresse beaucoup à l'agriculture et qu'elle **(5)** _____ **(préférer)** vivre à la campagne, elle aimerait bien travailler dans une ferme où elle pourrait surtout s'occuper des **(6)** _____ **(animal)**. Puis, elle voudrait participer à des projets écologiques et aider à la protection[1] de la nature. Alors qu'elle faisait des recherches sur Internet, elle est **(7)** _____ **(tomber)** sur le site d'une organisation franco-allemande qui propose le VEFA, le volontariat écologique franco-allemand. Dans **(8)** _____ **(ce)** sorte de stage qui dure un an, des bénévoles allemands travaillent dans l'agriculture en France. Mais comme le travail à la ferme est **(9)** _____ **(vrai)** dur, il faut être en bonne forme.

Laura a donc écrit une **(10)** _____ **(long)** lettre de candidature dans laquelle elle a expliqué sa **(11)** _____ **(motiver)**. Maintenant, elle attend la réponse. Ce serait génial, si elle la recevait bientôt.

0	Finalement	3		6		9	
1		4		7		10	
2		5		8		11	

1 une protection ein Schutz

Unité 3

En forme
u de mots

Un courriel de Fatou à Tabea

Voici le courriel d'une jeune Française, Fatou, à sa corres allemande …

Lis le texte de Fatou. Il y a des mots qui manquent. Choisis dans le tableau les mots corrects ***(A–L)*** *et complète chaque trou* ***(1–9)*** *dans le texte. Ecris tes réponses dans les cases prévues.* ***La première réponse (0)*** *est donnée en exemple.* ***Attention: dans le tableau, il y a deux mots en trop.***
(Lies den Text von Fatou. Es fehlen Wörter. Wähle aus der Tabelle das korrekte Wort ***(A–L)****. und ergänze jede Lücke* ***(1–9)*** *im Text. Schreib deine Antworten in die dafür vorgesehenen Kästchen. Die erste Antwort* ***(0)*** *dient als Beispiel.* ***Achtung: In der Tabelle sind zwei Wörter zu viel.****)*

Coucou, Tabea,

Merci pour ton courriel. Tu me dis qu'en Allemagne, **(0)** F le 11 Novembre.

Ce jour-là, **(1)** _____ des soldats qui se sont battus et **(2)** _____ dans la Première Guerre mondiale, la Grande Guerre, **(3)** _____ en France. On commémore la victoire et la paix avec une cérémonie devant la tombe du Soldat inconnu, à Paris. On fait aussi des cérémonies dans les petites villes et villages, car presque **(4)** _____, sur la place centrale, un «monument aux morts».

Tu es un peu jalouse **(5)** _____ chez moi mardi prochain et tu ne trouves pas juste que tu passes toute la journée à l'école? Je te comprends. Oui, ici, tout le monde est content **(6)** _____ soit un jour férié[1], et moi aussi, comme tous les jeunes, je profite de cette journée. Les Français et les Allemands se sont battus, mais la Grande Guerre est finie depuis 100 ans! Qu'en penses-tu, Tabea? Est-ce normal **(7)** _____ tellement à cette triste guerre? Moi, je ne connais pas la guerre, et je ne veux pas la connaître. Nous sommes jeunes, **(8)** _____ que nous pensions à notre futur! Je suis convaincue **(9)** _____ pensent comme moi. Et toi?

Ecris-moi, j'aimerais bien connaître ton avis.

Bises, Fatou

A	chaque village a	**E**	la France se souvient	**I**	que le 11 novembre
B	comme on dit	~~**F**~~	**on ne connait pas**	**J**	qui se rappellent
C	il faut	**G**	que beaucoup de jeunes	**K**	qui sont morts
D	je pense	**H**	que je puisse rester	**L**	qu'on pense encore

0	**1**	**2**	**3**	**4**	**5**	**6**	**7**	**8**	**9**
F									

1 un jour férié ein Feiertag

Module 1

En forme
Jeu de mots

Le français en Afrique

Est-ce qu'on parle le même français en Afrique et en France? Presque …

Lis le texte. Il y a des mots qui manquent: choisis dans le tableau le mot correct ***(A, B, C ou D)*** *pour chaque trou* ***(1–9)*** *dans le texte. Ecris tes réponses dans les cases prévues.* ***La première réponse (0)*** *est donnée en exemple.*
(Lies den Text. Es fehlen Wörter. Wähle aus der Tabelle das korrekte Wort ***(A,B,C oder D)*** *und ergänze jede Lücke* ***(1–9)*** *im Text. Schreib deine Antworten in die dafür vorgesehenen Kästchen. Die erste Antwort* ***(0)*** *dient als Beispiel.)*

Avoir la bouche qui marche

Nous le savons tous, un grand nombre d'Africains est francophone. Mais est-ce que c'est **(0)** __C__ français que chez nous qu'ils parlent? Bien sûr, nous **(1)** _____ aussi que la prononciation du français africain est différente. Mais souvent, **(2)** _____ avec des Africains, nous ne reconnaissons pas que la langue est particulièrement riche en images et **(3)** _____ mots et d'expressions que les Français ne connaissent pas ou n'utilisent pas. Quand on se trouve, **(4)** _____ sur une mauvaise route, *on traverse une tablette de chocolat.* Et quand on marche très lentement, on va *au pas de caméléon.*

Une discussion ou une dispute, c'est *une palabre*, partout en Afrique, on *palabre* (on discute **(5)** _____). Il existe même des *arbres à palabres*, sous lesquels[1] on s'installe, dans les villages, pour discuter des questions importantes. Et **(6)** _____ qui parlent beaucoup ont *une grande bouche* ou *la bouche qui marche.* On dit *c'est caillou* si la vie est dure, et *être amouré* **(7)** _____ tomber amoureux.

Mais attention: quand on vous dit, **(8)** _____ Sénégal, qu'*Y'a pas de problème*, c'est qu'il en y a un!

Les Africains, et **(9)** _____ les Sénégalais, adorent les proverbes. Vous voyez, on parle la même langue, le français, et pourtant, il y a des expressions différentes qui peuvent provoquer des malentendus.

0	**A**	également	**B**	égal	**C**	**le même**	**D**	même
1	**A**	connaissons	**B**	savons	**C**	reconnaissons	**D**	demandons
2	**A**	contacter	**B**	en contact	**C**	à la rencontre	**D**	rencontrant
3	**A**	avec	**B**	beaucoup	**C**	plus de	**D**	pleine de
4	**A**	par exemple	**B**	comme	**C**	bien sûr	**D**	au moins
5	**A**	à long terme	**B**	à la longue	**C**	longuement	**D**	long
6	**A**	les personnes	**B**	les arbres	**C**	les Français	**D**	les langues
7	**A**	dit	**B**	disait	**C**	veut dire	**D**	voulait dire
8	**A**	du	**B**	le	**C**	en	**D**	au
9	**A**	presque	**B**	particulièrement	**C**	principal	**D**	spécial

0	1	2	3	4	5	6	7	8	9
C									

1 sous lesquels (m., pl.) *hier:* unter denen

Module 2

En forme u de mots

On organise une soirée karaoké au camping.

Quatre jeunes qui se sont rencontrés au camping ont décidé d'organiser une soirée karaoké, mais ce n'est pas si facile.

*Lis le texte. Il y a des mots qui manquent **(1–11)**. Complète le texte en écrivant un mot dans les cases prévues.* ***Le premier mot (0)*** *est donné en exemple.*
*(Lies den Text. Es fehlen Wörter **(1–11)**. Vervollständige den Text, in dem du ein Wort ergänzt. Schreibe es in das vorgesehene Raster. Die erste Antwort **(0)** ist vorgegeben.)*

Quatre jeunes passent leurs vacances dans un camping. Ils **(0)** _____ organiser une fête pour tous les gens **(1)** _____ camping. Leur idée est de faire une soirée karaoké **(2)** _____ la salle du bar. Ils discutent de l'organisation de la soirée. Lucie va à l'accueil pour demander **(3)** _____ la salle du bar est disponible **(4)** _____ prochain soir. Pour commencer, ils font une liste des choses **(5)** _____ ils ont besoin. Marc et Jerôme ont un ordinateur portable et plusieurs DVD avec des **(6)** _____ pour le karaoké. Il faudrait brancher l'ordinateur sur un grand écran[1] de télévision **(7)** _____ sur un projecteur. Lucie doit se renseigner à la réception pour savoir quels appareils ils pourraient **(8)** _____ à leur disposition. En plus, il **(9)** _____ faut un micro. Pour leur équipement technique, il est aussi important d'avoir des rallonges pour l'électricité et quelques prises de courant. Aurélie va **(10)** _____ de la décoration de la salle. Tout ça va être beaucoup de travail. Finalement, les amis se rendent compte[2] qu'ils n'arriveront pas **(11)** _____ organiser la fête tout seuls. Ils vont demander à l'équipe du camping de bien vouloir les aider.

0	**veulent**	**4**		**8**	
1		**5**		**9**	
2		**6**		**10**	
3		**7**		**11**	

1 un écran Bildschirm – **2 se rendre compte** feststellen

En route pour le lycée!

Klausuren in der Oberstufe

1. **Die Basis** für eine Klausur in der Oberstufe ist meistens **eine Schreibaufgabe.** Zusätzlich kann es eine **Sprachmittlungsaufgabe** (meist in die Fremdsprache) und / oder eine **Hörverstehensaufgabe** geben.
   Neu in der Oberstufe sind vor allem die Schreibaufgaben.
   Es werden keine Fragen mehr dazu gestellt, sondern es gibt Schreibaufträge (meist Pflichtprogramm plus Wahlaufgaben), wie z. B. eine Zusammenfassung, eine Analyse, einen Kommentar etc.
   Sogenannte **Operatoren** sagen, was genau zu tun ist.
   Der Operator *résumer* verlangt z. B. eine Inhaltsangabe.
   Die wichtigsten Operatoren sind in den Lösungen, S. 3, auf der CD-ROM zu finden, zusammen mit Beispielen.
2. Die Texte – literarisch oder argumentativ – beziehen sich in der Regel auf ein Thema aus dem Lehrplan: deutsch-französische Beziehungen, Jugendprobleme, multikulturelle Gesellschaft, französischsprachige Länder, Regionen Frankreichs, ein literarisches Werk etc.
   Als **Hilfsmittel** gibt es – je nach Bundesland – einsprachige bzw. zweisprachige **Wörterbücher.**

Textbeispiel

Im Folgenden finden Sie ein kommentiertes Beispiel für einen Text zum Thema „Jugendprobleme", der beispielhaft für literarische und argumentative Texte stehen kann. Dieser Text könnte eine Abitur aufgabe für das grundlegende Niveau sein. Es ist also normal, dass Sie ihn nicht einfach herunterlesen können.
Sie sollen ja sehen, was auf Sie zukommt, aber auch, dass Sie schon jetzt eine Menge verstehen und sagen können.

TIPP

Ganz, ganz wichtig: Nicht alle unbekannten Wörter systematisch nachschlagen! Dafür ist in einer Klausur keine Zeit. Schauen wir zusammen, wie viele Wörter / Ausdrücke wir durch die eingeübten Strategien erschließen können.

Herangehensweise

Der Text ist aus dem französischen Jugendmagazin *Phosphore* entnommen und enthält umgangssprachliche Ausdrücke. Vieles ist aus dem Zusammenhang erschließbar.

Schon der **Titel gibt Ihnen Hinweise.** Er lautet:
«J'ai eu un accident de scooter.»
Es geht also um einen Unfall.
Ehe Sie anfangen zu lesen, überlegen Sie bitte,
was für Wörter vorkommen könnten.
Hier einige Beispiele für Substantive:
Zusammenstoß, Sturz, Körperteile, Knochenbruch, Gips, Reha, Schmerzen, Behinderung, (Selbst-)Vorwürfe etc.
Das hilft Ihnen, einiges aus dem Zusammenhang zu erfassen.

In der **rechten Spalte** wird Ihnen nun konkret aufgeschlüsselt, wie Schritt für Schritt unbekannter Wortschatz gedanklich hergeleitet werden kann.

J'ai eu un accident de scooter.

«A 16 ans, en 1re ES[1], c'était la belle vie. Le week-end, je faisais de la gym à haute dose, et la semaine, à la sortie du lycée, je sautais sur mon scooter pour rejoindre mes amis au parc.

Jusqu'au dîner, on délirait, on jouait aux cartes, on fumait …

Un soir que je ramenais[2] mon amie Elodie en scooter, j'ai grillé un stop.

Dans notre lotissement[3], jamais personne ne passait par là. Sauf ce jour-là: une voiture nous a percutées[4] et projetées dans le ravin.

- *Hohe Dose? Passt nicht! Dosis? Passt. In hoher Dosis → also: viel!*
- *Delirium / Delirieren im Park, beim Karten spielen? Was macht jemand, der deliriert? → er fantasiert, er redet Unsinn / dummes Zeug!*
- *Ein Stoppschild grillen? Es ist bekannt, dass es einen Unfall gab → ein Stoppschild missachten!*

Jetzt kann das Wörterbuch benutzt werden:
- *„ravin" ist mit „Schlucht" angegeben; eine Schlucht in der Siedlung? Das ist nicht möglich, also: ein Graben!*
- *„projeter" – Projektil, Geschoss / schießen … → das Auto hat die beiden Mädchen in den Graben befördert!*

→

1 en 1re ES in der vorletzten Klasse des Wirtschaftszweigs am Gymnasium – **2 ramener qn** *hier:* jdn. (mitnehmen und) nach Hause fahren – **3 un lotissement** eine Siedlung – **4 percuter qn** *hier:* jdn. anfahren

Je me suis réveillée des heures plus tard dans un lit d'hôpital, incapable de me rappeler quoi que ce soit[1]. Et puis, j'ai vu Elodie dans le lit d'à côté et j'ai paniqué. Quand nos parents sont entrés dans la chambre, le médecin était avec eux. Il nous a parlé longuement. Les mots tournaient dans ma tête: accident, traumatisme, fractures, opérations … Je ne comprenais pas tout, mais j'étais rassurée: c'était grave, oui, mais aucune de nous n'allait finir handicapée.

Nous sommes restées un mois à l'hôpital. Nos amis se sont relayés pour venir nous voir tous les jours. Ça changeait de nos délires au parc, mais ça nous a beaucoup rapprochés.

Nous sommes sorties de l'hôpital toutes les deux en fauteuil roulant[2], pour quelques semaines encore, le temps que nos corps fracturés se remettent. Nos amis organisaient des courses de fauteuils où ils nous poussaient le plus vite possible. Avec eux, je riais, mais au fond, c'était très dur. J'étais redevenue complètement dépendante de mes parents et je n'arrêtais pas de m'engueuler[3] avec eux. Je pensais aux longs mois de rééducation à venir, et la gym me manquait. Surtout, je culpabilisais[4].
Je n'arrêtais pas de me dire que tout était de ma faute, que c'est moi qui conduisais, moi qui avais grillé le stop. Avec Elodie, on se voyait tous les jours, on se lançait des blagues du genre «Comment va ta jambe de bois?», mais on ne parlait jamais de l'accident.

Quelques mois de rééducation plus tard, il y eut ce jour horrible où le médecin m'annonça que je ne récupérerais pas la sensation de mon gros orteil[5] droit.

«Et la gym?» j'ai pensé. Grâce à l'aide de ma monitrice, j'ai quand même repris.

Sie können verstehen, was der Doktor gesagt hat, und einzelne Fachausdrücke sind auf Deutsch gleich (Trauma, Operationen …).
Sie verstehen, was nach dem Doppelpunkt gesagt wird: Keines der Mädchen wird „gehandicapt" enden.
- *„rassurer" - sûr →*
  also: sie ist beruhigt!
- *„se relayer": es reicht zu verstehen, dass die Freunde abwechselnd gekommen sind.*
- *„se rapprocher" - proche / le prochain - nahe / der Nächste →*
  also: sich annähern

Wenn Sie verstehen, dass die beiden Mädchen Rollstuhlrennen veranstaltet haben, ist klar:
- *„pousser" heißt schieben.*

Was kommt nach dem Krankenhaus und dauert oft Monate? → Die Reha!

Was kann so schrecklich sein?
Der Arzt spricht von Sensationen?
- *Denken Sie an „sentir" und „sensible" → also: eine Empfindung, ein Gefühl!*
  Jetzt müsste „récupérer" klar sein → sie wird das Gefühl im Zeh nicht wiederbekommen.
- *Es reicht zu verstehen, dass ihr jemand geholfen hat.*

1 quoi que ce soit irgendetwas / was auch immer – **2 un fauteuil roulant** ein Rollstuhl – **3 s'engueuler** *(fam.)* sich anbrüllen – **4 culpabiliser** Schuldgefühle haben – **5 un gros orteil** ein großer Zeh

J'attachais[1] mon gros orteil au doigt d'à côté pour ne pas l'écraser. J'ai mis du temps à retrouver mon niveau, mais l'effort physique[2] m'empêchait de ruminer[3] mes idées noires.
C'est un an plus tard qu'Elodie m'a dit: «Tu sais, je ne t'en ai jamais voulu[4].»

J'ai éclaté en sanglots. Un énorme poids s'est levé. Aujourd'hui, nous sommes encore très proches l'une de l'autre, et l'accident me paraît loin.

Mais il y aura toujours mon gros orteil pour me rappeler qu'on n'est jamais à l'abri[5] d'un accident, et qu'il faut rester vigilant.»

Anne, 23 ans.

Also: sie hat den gefühllosen Zeh mit dem „Finger" (Zeh!) daneben zusammengebunden, um ihn nicht zu ...??? - zerquetschen ⟶ also: um ihn zu schützen.

ein emotionaler Moment – sie brach in ??? aus ⟶ also: in Tränen!

Man ist nie geschützt vor einem Unfall man muss immer ...??? ⟶ wachsam, aufmerksam sein!

Vielleicht ist für Sie das Erschließen von unbekanntem Wortschatz noch etwas schwierig und Sie sind öfter auf das Wörterbuch angewiesen.
Lesen Sie dann bitte **die Tipps zur optimalen Nutzung in den Lösungen auf S. 2 (⟶ CD).**

1 attacher qc à qc etw. an etw. festmachen / anbinden – **2 un effort physique** eine körperliche Anstrengung – **3 ruminer ses idées noires** *hier:* seinen düsteren Gedanken nachhängen – **4 en vouloir à qn** jdm. böse sein

Lesen Sie jetzt die Aufgaben und Operatoren (= Arbeitsanweisungen → les tâches et les consignes).
In der ***rechten Spalte*** *wird Ihnen erläutert, was unter dem jeweiligen Operator zu verstehen ist und was von Ihnen konkret verlangt wird.*
Lesen Sie noch einmal den Text und streichen Sie mit einem Marker an, was im ***Resümee*** *gesagt werden muss.*
Eine Version des Textes „am Stück" finden Sie zum Ausdrucken in den Lösungen auf der CD.

Tâches et Consignes

1. Résumez *le texte: les informations principales sur l'accident et ses conséquences.*	Ein Resümee umfasst ca. ein Drittel des Originaltextes, **steht im Präsens** und **in der dritten Person**. Es enthält weder Erläuterungen noch Wertungen. Die Sprache ist neutral. Meist beginnt es mit einer **Einleitung (Introduction),** in der die Quelle und eine Kurzzusammenfassung gegeben werden.
2. Analysez *la façon dont Anne vit les évènements.*	Gemeint ist hier, wie Anne die Ereignisse erlebt, also was sie tut, welche Gefühle sie in ihr auslösen und wie sie sich vielleicht auch verändern. Das steht nicht direkt im Text, Sie müssen also aus Annes Äußerungen und ihrem Verhalten **Rückschlüsse ziehen.** Wenn Sie zum Beispiel meinen, dass Anne am Ende erleichtert ist, sollten Sie dafür einen **Textbeleg anführen.**
*3. Choisissez l'**un des sujets** suivants:* *On reproche souvent aux jeunes d'avoir un comportement (Verhalten) dangereux sur la route.* ***3.1 Donnez votre point de vue*** *sur ce sujet.*	Dies ist eine Art **Erörterung.** Wichtig ist **eine Einleitung,** die zum Thema hinführt. Dann werden Argumente logisch **strukturiert** angeführt, möglichst mit **Beispielen,** und zum Schluss ziehen Sie **Bilanz** und äußern Ihre Meinung (Commentaire).
ou: *Imaginez: Elodie a une autre copine, Sarah, à qui elle écrit régulièrement des courriels. Deux mois après l'accident, elle lui raconte son expérience et ses impressions personnelles (ihre persönlichen Eindrücke).* ***3.2 Mettez-vous à la place*** *d'Elodie* ***et rédigez*** *ce courriel.*	Hier sollen Sie sich **in Elodie hineinversetzen,** d. h. **einen Perspektivwechsel vornehmen** und die Geschichte **aus Ihrer Sicht** schildern, wobei Sie die **Fakten nur kurz** ansprechen, es geht vor allem um Ihre **Gefühle.**

Lösen Sie nun die Aufgaben ***1.–3.*** *und vergleichen Sie sie anschließend mit den Lösungen.*

Audiomaterialien

Track	Unité	Page	Exercice	Titre	Durée
1	1	11	1 A–C	Ecouter: Bientôt Cannes!	03:26
2	1 En plus	6	6 A	Parler: Une interview fictive: répondre aux questions	01:43
3	1 En plus	6	6 B	Parler: Une interview fictive: dialogue	02:43
4	2	22	1 A+B	Ecouter: Voyage humanitaire: le séjour responsable*	02:13
5	2	26	4 B	Parler: Comment les ados gagnent de l'argent de poche.	01:01
6	3	32	1 A–C	Ecouter: Un «bâtard de Boche» nous parle.	07:11
7	3	36	4	Parler: Je prépare l'interro orale. Partie A: questions brise-glace	00:56
8	3	36	4	Parler: Je prépare l'interro orale. Partie B: monologue	01:28
9	3	36	4	Parler: Je prépare l'interro orale. Partie C: dialogue/discussion	02:26
10	3	42	Partie A	Interro orale: questions brise-glace	01:07
11	3	42	Partie B	Interro orale: monologue (Une photo qui parle de l'histoire.)	01:41
12	3	42	Partie C	Interro orale: dialogue (Une rencontre)	03:19
13	3	43	Partie A	Interro orale: questions brise-glace Version partenaire	01:15
14	3	43	Partie B	Interro orale: monologue (Parlons télé …) Version partenaire	01:32
15	3	43	Partie C	Interro orale: dialogue (Un enfant pas comme les autres) Version partenaire	03:50
Track	**Module**	**Page**	**Exercice**	**Titre**	**Durée**
16	1	44	1	Ecouter: La cuisine africaine à Paris	01:45
17	1	48	5	Parler: Parle-moi de ton pays.	03:10
18	1	51	1 A–C	Interro: Une prof qui s'engage.	03:41
19	2	56	3	Parler: Je prépare l'interro orale. Partie A: monologue	02:16
20	2	56	3	Parler: Je prépare l'interro orale. Partie B: jeu de rôle	02:31
21	2	62	Partie A	Interro orale: monologue (Mes vacances en Corse)	01:25
22	2	62	Partie A	Interro orale: monologue (Mes vacances en Corse) Version partenaire	01:30
23	2	63	Partie B	Interro orale: jeu de rôle (Mieux profiter des vacances)	03:53
24	3	64	1 A–C	Ecouter: Une passion hors du commun	04:46
25	3	66	4	Parler: Un exposé sur Edith Piaf	02:23
					Gesamtzeit: 63:11

Mehr dazu a74sm6. Die Lösungen und Lösungsvorschläge zu Unité 1–3 und zu Module 1–3 stehen auch im Internet zur Verfügung.